Bryn Mawr Commentaries

The Homeric Hymn To Apollo

Peter M. Smith
Lee T. Pearcy

Department of Greek, Bryn Mawr College
Bryn Mawr, Pennsylvania

Copyright ©1981 by **Bryn Mawr Commentaries**

Manufactured in the United States of America
ISBN 0-929524-16-0
Printed and distributed by
Bryn Mawr Commentaries
Thomas Library
Bryn Mawr College
Bryn Mawr, PA 19010

Series Preface

These lexical and grammatical notes are meant not as a full-scale commentary but as a clear and concise aid to the beginning student. The editors have been told to resist their critical impulses and to say only what will help the student read the text. Our commentaries, then, are the beginning of the interpretative process not the end.

We expect that the student will know the basic Attic declensions and conjugations, basic grammar (the common functions of cases and moods; the common types of clauses and conditions), and how to use a dictionary. In general we have tried to avoid duplication of material easily extractable from the lexicon, but we have included help with odd verb forms, and, recognizing that endless page-flipping can be counter-productive, we have provided the occasional bonus of assistance with uncommon vocabulary.

The commentaries are based on the Oxford Classical Text unless otherwise noted. Oxford University Press has kindly allowed us to print its edition of the Greek text in certain cases where we thought it would be particularly beneficial to the student. The text was set by Stephen V. F. Waite of Logoi Systems (Hanover, N.H.), using an Ibycus system developed by David W. Packard.

Production of these texts has been made possible by a generous grant from the Division of Education Programs, the National Endowment for the Humanities.

Richard Hamilton   Gregory W. Dickerson
General Editor   Associate Editor
Bryn Mawr Commentaries

Volume Preface

This is probably the most well known, and is certainly the most "hymnic," of the four longer Hymns; it vividly tells the story of Apollo's birth on the island of Delos and continues with a full narrative of his founding of the oracle at Delphi. It belongs to the 7th century, since it is post-Homeric in language but contains, for example, no mention of the Pythian games at Delphi (begun in 586). In addition to its value as poetry, it is of interest to the historian for its picture of the flourishing Ionian festival on Delos in the 7th century—a picture which contains the famous passage (165ff.) in which the poet identifies himself as a blind man from "rocky Chios." Most modern scholars since the 18th century have thought that the Hymn to Apollo is really a combination of two hymns, one to Delian Apollo and one to Delphic Apollo (the point of division is not certain but is commonly placed after 178). The first part of the Hymn does seem to have been composed specifically for use at the Delian festival, while the second part has such a strong interest in the local traditions of Delphi; in addition, the language of the two parts is different in details, and many readers have felt the character and texture of the narrative to be perceptibly different as well. On the other hand, the lack of any of the usual closing formulae to mark the end of the Delian part, and indeed of any definite point of division between the two parts, has led many scholars to conclude that our Hymn to Apollo was composed as a unity by a poet working in a formulaic medium which preserved material from both Delian and Delphic traditions, which he combined into a single work. At present, there is no consensus on the question of unity, and in fact the two editors of this commentary hold opposing views on the matter.

For further reading on the Hymn and its background:
A. R. Burn, *The Lyric Age of Greece* (London, 1960) 11ff.
H. T. Wade-Gery, *The Poet of the Iliad* (Cambridge 1952)
F. Càssola, *Inni omerici* (Verona 1975)
W. K. C. Guthrie, *The Greeks and Their Gods* (London/Boston 1950) 73-87

Metrical Note

The Homeric Hymns are composed in dactylic hexameter, which is the normal meter of Greek and Latin epic poetry. Each line (hexameter) has six measures (=metra) or feet, which may be either dactyls (diagrammed - ⌣ ⌣)* or spondees (diagrammed - -). The sixth (last) foot is *always* a spondee; the first five are either spondees or dactyls, with dactyls predominating, especially in the fifth foot, which is spondaic about 1 out of 20 times in the *Iliad* and *Odyssey*. Line 31 of this Hymn is such a "spondaic" verse. The second verse of this Hymn is analyzed (or "scanned") as follows:

$$\bar{\ } \ \smile \ \smile \ \bar{\ } \ \smile \ \smile \ \bar{\ } \ \smile \ \bar{\ \smile} \ \smile \ \smile \ \bar{\ } \ \smile \ \bar{\smile} \ \bar{\ }$$
ὅν τε θεοὶ κατὰ δῶμα Διὸς τρομέουσιν ἰόντα.

Note that a syllable is long if it contains (a) a long vowel or a diphthong or (b) a short vowel followed by two consonants (ζ, ξ, ψ count as double consonants). One or both consonants may belong to the beginning of the following word.

A syllable is short if it contains a short vowel and is not lengthened by the double consonant rule (b).

The Greek vowels ε and ο are always short; η and ω always long; α, ι, υ may be long *or* short by nature, and their natural quantities in the root of any given word are often noted in the lexicon.

A long vowel or diphthong is regularly (but not always) shortened in pronunciation if it ends a word and is directly followed by a word which begins with a vowel ("epic correption"), for example, Μνήσομαι οὐδὲ (line 1). The final syllable of the verse is treated as long regardless of its natural length.

The epic dactylic hexameter virtually always has a word-end occurring *within* the third foot ("caesura"). Caesura frequently coincides with a pause in a sentence or a break between sentences. Diaeresis (word end coinciding with the *end* of a foot) tends to be avoided in order to keep the rhythm from becoming choppy or obvious, but it is common at the end of the fourth foot, a practice which helps to emphasize the normal verse ending - ⌣ ⌣ - -.

*⌣ is a short syllable; - is a long syllable.

III. Εἰς Ἀπόλλωνα

Μνήσομαι οὐδὲ λάθωμαι Ἀπόλλωνος ἑκάτοιο,
ὅν τε θεοὶ κατὰ δῶμα Διὸς τρομέουσιν ἰόντα·
καί ῥά τ' ἀναΐσσουσιν ἐπὶ σχεδὸν ἐρχομένοιο
πάντες ἀφ' ἑδράων, ὅτε φαίδιμα τόξα τιταίνει.
Λητὼ δ' οἴη μίμνε παραὶ Διὶ τερπικεραύνῳ, 5
ἥ ῥα βιόν τ' ἐχάλασσε καὶ ἐκλήϊσε φαρέτρην,
καί οἱ ἀπ' ἰφθίμων ὤμων χείρεσσιν ἑλοῦσα
τόξον ἀνεκρέμασε πρὸς κίονα πατρὸς ἑοῖο
πασσάλου ἐκ χρυσέου· τὸν δ' εἰς θρόνον εἷσεν ἄγουσα.
τῷ δ' ἄρα νέκταρ ἔδωκε πατὴρ δέπαϊ χρυσείῳ 10
δεικνύμενος φίλον υἱόν, ἔπειτα δὲ δαίμονες ἄλλοι
ἔνθα καθίζουσιν· χαίρει δέ τε πότνια Λητώ,
οὕνεκα τοξοφόρον καὶ καρτερὸν υἱὸν ἔτικτεν.

488 μέγαν δόμον M corr. Ruhnken   490 ἀλλὰ θελευσῖνος M corr.
Ruhnken   494 ὕπαζε M corr. Voss
III. Codices : M *p x y z* (usque ad 185) S (usque ad 357). Titvlvs:
τοῦ αὐτοῦ ὀμήρου ὕμνοι εἰς ἀπόλλωνα M : ὁμήρου ὕμνος εἰς ἀπόλλωνα
D L¹ : ὁμήρου ὕμνοι εἰς ἀπόλλωνα E Π S T ed. pr. (a^os add. E T): ὕμνοι
ὁμήρου· εἰς τὸν (om. Mon.) ἀπόλλωνα *p* (ὕμνος εἰς V) : εἰς ἀπόλλωνα ∫ : ἐς
ἀπόλλω H om. K   1 cit. Certamen Hom. et Hes. 316 σταθεὶς ἐπὶ τὸν
κεράτινον βωμὸν λέγει ὕμνον εἰς Ἀπόλλωνα οὗ ἡ ἀρχὴ [v. 1], Tzetzes praef.
in Lycophr. f. 3 Scheer   3 τ' Hermann : γ' codd.   ἐπὶ *x z* D V¹ Pepp-
mueller : ἐπισχεδὸν M *p*   5 παρὰ ed. pr.   9 ἦσεν M   11 δὲ
om. *p* H S

ΕΙΣ ΑΠΟΛΛΩΝΑ

χαῖρε μάκαιρ' ὦ Λητοῖ, ἐπεὶ τέκες ἀγλαὰ τέκνα
Ἀπόλλωνά τ' ἄνακτα καὶ Ἄρτεμιν ἰοχέαιραν,
τὴν μὲν ἐν Ὀρτυγίῃ, τὸν δὲ κραναῇ ἐνὶ Δήλῳ,
κεκλιμένη πρὸς μακρὸν ὄρος καὶ Κύνθιον ὄχθον,
ἀγχοτάτω φοίνικος ὑπ' Ἰνωποῖο ῥεέθροις.
Πῶς τάρ σ' ὑμνήσω πάντως εὔυμνον ἐόντα;
πάντῃ γάρ τοι, Φοῖβε, νομὸς βεβλήαται ᾠδῆς,
ἠμὲν ἀν' ἤπειρον πορτιτρόφον ἠδ' ἀνὰ νήσους.
πᾶσαι δὲ σκοπιαί τοι ἅδον καὶ πρώονες ἄκροι
ὑψηλῶν ὀρέων ποταμοί θ' ἅλα δὲ προρέοντες,
ἀκταί τ' εἰς ἅλα κεκλιμέναι λιμένες τε θαλάσσης.
ἢ ὥς σε πρῶτον Λητὼ τέκε χάρμα βροτοῖσι,
κλινθεῖσα πρὸς Κύνθου ὄρος κραναῇ ἐνὶ νήσῳ
Δήλῳ ἐν ἀμφιρύτῃ; ἑκάτερθε δὲ κῦμα κελαινὸν
ἐξῄει χέρσον δὲ λιγυπνοίοις ἀνέμοισιν·
ἔνθεν ἀπορνύμενος πᾶσι θνητοῖσιν ἀνάσσεις.
ὅσσους Κρήτη τ' ἐντὸς ἔχει καὶ δῆμος Ἀθηνῶν
νῆσός τ' Αἰγίνη ναυσικλειτή τ' Εὔβοια
Αἰγαί τ' Εἰρεσίαι τε καὶ ἀγχιάλη Πεπάρηθος
Θρηΐκιός τ' Ἄθόως καὶ Πηλίου ἄκρα κάρηνα
Θρηϊκίη τε Σάμος Ἴδης τ' ὄρεα σκιόεντα
Σκῦρος καὶ Φώκαια καὶ Αὐτοκάνης ὄρος αἰπὺ

14 μάκαιρα λητοῖ M   18 ἐπ' Reiz   οἰνώποιο s : ἰνώποιο sim. cet. (ποταμοῦ ss. T), -οῖο Schneidewin   19 γάρ codd.   πάντοσσ' M : πάντων A B C O Q   20 νόμος codd. : νόμοι Matthiae : νομοὶ Barnes   21 παντοτρόφον p, πρὸς ss. T   23–73 om. M : λείπουσι στίχοι ϝᾱ m   24 λίμναι p, cf. Herod. iv. 195   25 ἢ ὥς A ed. pr. : ἤώς cet.   26 κύνθου Holstein cl. 141 : κύνθος codd. : κύνθος· καὶ θηλυκῶς καὶ οὐδετέρως Steph. Byz.   28 ἐξείει x : ἔξεισι T mg.   λιγυπνόοις p   30 τ' add. Hermann   Ἀθηνέων Hermann   31 αἴγινα codd. (αἴγινα J Π O Q) em. Barnes, cf. Herod. iii. 59   ναυσικλείτη codd. corr. Barnes   εὔβοια κυδνὴ H J : Steph. Byz. Κύδνα· πόλις Μακεδονίας. Θεαγένης ἐν Μακεδονικοῖς (F. H. G. iv. 509 fr. 5)· ἡ κατὰ παραφθορὰν Πύδνα λέγεται. legit pro Αἰγαί ut videtur quidam.   Κύδνα et oppidum Lycium, Ptol. Geogr. v. 3 (Πύδναι Stadiasm. 248)   32 Πειρεσίαι Ruhnken   ἀγχίαλος p : ἀγχιάλην Π   33 ἄθως codd. corr. Barnes   35 αὐτοκανὴς x s AtDS: ΑΥΤΟΚΑΝΑ nummi sequitur in s AtD v. 41

ΥΜΝΟΙ

Ἴμβρος τ' εὐκτιμένη καὶ Λῆμνος ἀμιχθαλόεσσα
Λέσβος τ' ἠγαθέη Μάκαρος ἕδος Αἰολίωνος
καὶ Χίος, ἣ νήσων λιπαρωτάτη εἰν ἁλὶ κεῖται,
παιπαλόεις τε Μίμας καὶ Κωρύκου ἄκρα κάρηνα
καὶ Κλάρος αἰγλήεσσα καὶ Αἰσαγέης ὄρος αἰπὺ   40
καὶ Σάμος ὑδρηλὴ Μυκάλης τ' αἰπεινὰ κάρηνα
Μίλητός τε Κόως τε, πόλις Μερόπων ἀνθρώπων,
καὶ Κνίδος αἰπεινὴ καὶ Κάρπαθος ἠνεμόεσσα
Νάξος τ' ἠδὲ Πάρος Ῥήναιά τε πετρήεσσα,
τόσσον ἔπ' ὠδίνουσα Ἑκηβόλον ἵκετο Λητώ,   45
εἴ τίς οἱ γαιέων υἱεῖ θέλοι οἰκία θέσθαι.
αἱ δὲ μάλ' ἐτρόμεον καὶ ἐδείδισαν, οὐδέ τις ἔτλη
Φοῖβον δέξασθαι καὶ πιοτέρη περ ἐοῦσα
πρίν γ' ὅτε δή ῥ' ἐπὶ Δήλου ἐβήσετο πότνια Λητώ,
καί μιν ἀνειρομένη ἔπεα πτερόεντα προσηύδα·   50
Δῆλ' εἰ γάρ κ' ἐθέλοις ἕδος ἔμμεναι υἷος ἐμοῖο
Φοίβου Ἀπόλλωνος, θέσθαι τ' ἔνι πίονα νηόν·
ἄλλος δ' οὔ τις σεῖό ποθ' ἅψεται, οὐδέ σε λήσει,
οὐδ' εὔβων σέ γ' ἔσεσθαι ὀΐομαι οὔτ' εὔμηλον,
οὐδὲ τρύγην οἴσεις, οὔτ' ἂρ φυτὰ μυρία φύσεις.   55

38 νῆσος Ε Τ   39 κορύκου x D K : κουρύκου J : κουρίκου Η
40 ἀσαγέης Μon. τόπος ἐστὶ τοῦ ὀψικίου ὃ νῦν καλούμενος μαλάγινα
περὶ οὗ φησὶ καὶ ὁ λυκόφρων (1464, 5) κλάρου μιμάλλων ᾗτι φίκιον τέρας
Π marg. dici quidem oppidum Malaginam seu Melam in themate
Obsequii monuit J. G. C. Anderson : quid vero ita sibi scholiasta
voluerit nescimus. cf. et Αἰσαγέη, Αἰγαγέη Nic. Ther. 218, Αἰγανέη
Anth. Pal. vii. 390, Ἀγχαλέη Hipponact. 99   42 πόλεις p   44 ῥή-
ναιά S : ῥηναία cet. cum Steph. Byz. : Ῥήνεια Lobeck πετρήδεσ(σ)α
L¹ Π v. om. Mon.   45 ἐπωδίνουσα codd. corr. Barnes   46 οἱ
H L⁵ T corr. : σοι cet. praeter p : εἴ τις γαιάων p (σοὶ add. A m. rec.)
θέλοι L⁵ Mon. S : θέλει cet.   48 προτέρη Q   49 ἐβήσατο D K L¹
(σσ): βήσατο H J   51 κ' ἐθέλοις H S : κεθέλοις J : κεθέλης L¹ (κέλης)
Π: -εις cet.   ἐμοῖο A H L¹ Π R¹ S : ἐμεῖο cet. cf. 314   52 ἐπὶ J :
ἐνὶ cet. corr. Hermann   53 ἄλλως J L⁵ S Bothe   λήσει Agar C. R.
x. 388 : λήσει (ss. σ) S : λίσσει cet. cf. λ 102 υ 85, Theogn. 20, Anth.
Pal. vii. 513. 3, Herod. iii. 2, Batr. 93   54 οὐδ' Γ Ο Π Q S   εὔβουν p :
εὔβωλο S   γ' add. Hermann, cf. 88 (σ' ἐσέσεσθαι L¹)   55 οἴσεις
H J (οἰστεῖς L¹ Π : οἰσεῖς cet.): πολλὴν y

ΕΙΣ ΑΠΟΛΛΩΝΑ

αἱ δέ κ' Ἀπόλλωνος ἑκαέργου νηὸν ἔχησθα,
ἄνθρωποί τοι πάντες ἀγινήσουσ' ἑκατόμβας
ἐνθάδ' ἀγειρόμενοι, κνίση δέ τοι ἄσπετος αἰεὶ
δημοῦ ἀναΐξει, βοσκήσεις θ' οἵ κέ σ' ἔχωσι
χειρὸς ἀπ' ἀλλοτρίης, ἐπεὶ οὔ τοι πῖαρ ὑπ' οὖδας.   60
Ὣς φάτο· χαῖρε δὲ Δῆλος, ἀμειβομένη δὲ προσηύδα·
Λητοῖ κυδίστη θύγατερ μεγάλου Κοίοιο,
ἀσπασίη κεν ἐγώ γε γονὴν ἑκάτοιο ἄνακτος
δεξαίμην· αἰνῶς γὰρ ἐτήτυμόν εἰμι δυσηχὴς
ἀνδράσιν, ὧδε δέ κεν περιτιμήεσσα γενοίμην.   65
ἀλλὰ τόδε τρομέω Λητοῖ ἔπος, οὐδέ σε κεύσω·
λίην γάρ τινά φασιν ἀτάσθαλον Ἀπόλλωνα
ἔσσεσθαι, μέγα δὲ πρυτανευσέμεν ἀθανάτοισι
καὶ θνητοῖσι βροτοῖσιν ἐπὶ ζείδωρον ἄρουραν.
τῷ ῥ' αἰνῶς δείδοικα κατὰ φρένα καὶ κατὰ θυμὸν   70
μὴ ὁπότ' ἂν τὸ πρῶτον ἴδῃ φάος ἠελίοιο
νῆσον ἀτιμήσας, ἐπεὶ ἦ κραναήπεδός εἰμι,
ποσσὶ καταστρέψας ὤσῃ ἁλὸς ἐν πελάγεσσιν.
ἔνθ' ἐμὲ μὲν μέγα κῦμα κατὰ κρατὸς ἅλις αἰεὶ
κλύσσει, ὁ δ' ἄλλην γαῖαν ἀφίξεται ἥ κεν ἅδῃ οἱ   75
τεύξασθαι νηόν τε καὶ ἄλσεα δενδρήεντα·
πουλύποδες δ' ἐν ἐμοὶ θαλάμας φῶκαί τε μέλαιναι

57 ita J : ἀγινήσουσιν vulg.: ἀγινησοῦσα V²: ἀγίνουσιν S ed. pr.
59 δημοῦ Cobet, reliqua Stoll : δηρὸν (ss. μ) ἄναξ εἰ βόσκοις περί (ss. θ) τας s ἔχωσιν ET (om. μ hic): δηρον (ss. μ) ἄναξ εἰ βόσκοις σ' ἔχωσιν L¹ : δηρὸν ἄναξ εἰ βόσκοις θεοί κε σ' ἔχωσιν DK (-εις) Π : γρ. εἰ βόσκοισθε οἵ κε σ' ἔχωσιν margo E: δηρὸν ἄνακτ' εἰ βόσκεις· δὴ ῥὰ θεοί κε σ' ἔχωσι J : δηρὸν ἄνακτ' εἰ βόσκοις θεοί κε σ' ἔχωσι S, ἄνακτ' et L⁵: δηρὸν ἄναξ εἰ βόσκοις (ss. ει) θύτας οἵκε σ' ἔχωσι ἄνακτ' Γ m. 2 : θύτάς θ' οἵ κέ σ' ἔχωσι, et δῆμον. δηρὸν ἄνακτ' εἰ βόσκοις V²: δηρὸν... βόσκοις p   60 πῖαρ] πεῖαρ OJKT: πεῖαρ L¹Π: πείας E   62 μεγάλοιο κρόνοιο codd. corr. Barnes   63 κεν] μὲν ed. pr. S   65 γ' ἐροίμην x DK   71 ἴδης x DK : ὅτι (om. L¹Π) τὸν ἥλιον φασὶν (φησὶ O) προυπάρχειν τοῦ ἀπόλλωνος L¹OΠ marg.   72 ita p: ἀτιμήσω x D K uv.: ἀτιμήσῃ J S D ss. K T corr. (ex -ω uv.)   73 ὤσει x At D J S tuetur Marx Rh. Mus. 1907. 620
74 ἄλλυδις J : ἄλλυδις ἄλλο Stephanus   75 ἀδῇ οἱ sim. x: ἀδοίη p : ἀίδης MN   76 ἄλγεα Π

ΥΜΝΟΙ

οἰκία ποιήσονται ἀκηδέα χήτεϊ λαῶν·
ἀλλ' εἴ μοι τλαίης γε θεὰ μέγαν ὅρκον ὀμόσσαι,
ἐνθάδε μιν πρῶτον τεύξειν περικαλλέα νηὸν   80
ἔμμεναι ἀνθρώπων χρηστήριον, αὐτὰρ ἔπειτα
πάντας ἐπ' ἀνθρώπους, ἐπεὶ ἦ πολυώνυμος ἔσται.
Ὣς ἄρ' ἔφη· Λητὼ δὲ θεῶν μέγαν ὅρκον ὄμοσσεν·
ἴστω νῦν τάδε γαῖα καὶ οὐρανὸς εὐρὺς ὕπερθεν
καὶ τὸ κατειβόμενον Στυγὸς ὕδωρ, ὅς τε μέγιστος   85
ὅρκος δεινότατός τε πέλει μακάρεσσι θεοῖσιν·
ἦ μὴν Φοίβου τῇδε θυώδης ἔσσεται αἰεὶ
βωμὸς καὶ τέμενος, τίσει δέ σέ γ' ἔξοχα πάντων.
Αὐτὰρ ἐπεί ῥ' ὄμοσέν τε τελεύτησέν τε τὸν ὅρκον,
Δῆλος μὲν μάλα χαῖρε γόνῳ ἑκάτοιο ἄνακτος,   90
Λητὼ δ' ἐννῆμάρ τε καὶ ἐννέα νύκτας ἀέλπτοις
ὠδίνεσσι πέπαρτο. θεαὶ δ' ἔσαν ἔνδοθι πᾶσαι
ὅσσαι ἄρισται ἔσαν, Διώνη τε Ῥείη τε
Ἰχναίη τε Θέμις καὶ ἀγάστονος Ἀμφιτρίτη,
ἄλλαι τ' ἀθάναται, νόσφιν λευκωλένου Ἥρης·   95
ἧστο γὰρ ἐν μεγάροισι Διὸς νεφεληγερέταο.
μούνη δ' οὐκ ἐπέπυστο μογοστόκος Εἰλείθυια·
ἧστο γὰρ ἄκρῳ Ὀλύμπῳ ὑπὸ χρυσέοισι νέφεσσι
Ἥρης φραδμοσύνης λευκωλένου, ἥ μιν ἔρυκε
ζηλοσύνῃ ὅ τ' ἄρ' υἱὸν ἀμύμονά τε κρατερόν τε   100
Λητὼ τέξεσθαι καλλιπλόκαμος τότ' ἔμελλεν.
Αἱ δ' Ἶριν προὔπεμψαν ἐϋκτιμένης ἀπὸ νήσου
ἀξέμεν Εἰλείθυιαν, ὑποσχόμεναι μέγαν ὅρμον
χρυσείοισι λίνοισιν ἐερμένον ἐννεάπηχυν·

78 ἄχη τεϊλάων E T : ἔκαστά τε φῦλα νεπούδων p   81 lac. stat.
Hermann : ex gr. τευξάσθω νηούς τε καὶ ἄλσεα δενδρήεντα   82 ἔσται
M, γρ. J : ἐστὶν cet.   83 ὄμοσεν x : ὄμωσεν D K, γρ. J   86 τε
om. E T D J   πέλεται J   87 μὴ L¹ Π : ἦ μή Π marg.   αἰὲν codd.
corr. Barnes   88 σ' ἔξοχα x : σε ἔξοχα J S (γ' add. m. pr.)   93 ἔσαν]
ἔασι Wolf : ἔσαν δὲ Tucker   ῥέη codd. corr. ed. pr.   96 v. om.
M E T   μεγάροις codd. corr. ed. pr.   99 φραδμοσύνης M : -η cet. corr.
Baumeister   104 ἐεργμένον codd. corr. Barnes, cf. A 486 E 89 σ 296

ΕΙΣ ΑΠΟΛΛΩΝΑ

νόσφιν δ' ήνωγον καλέειν λευκωλένου Ήρης 105
μή μιν έπειτ' επέεσσιν αποστρέψειεν ιούσαν.
αυτάρ επεί τό γ' άκουσε ποδήνεμος ωκέα Ίρις
βῆ ρα θέειν, ταχέως δε διήνυσε παν το μεσηγύ.
αυτάρ επεί ρ' ίκανε θεών έδος αιπύν Όλυμπον
αυτίκ' άρ' Ειλείθυιαν από μεγάροιο θύραζε 110
εκπροκαλεσσαμένη έπεα πτερόεντα προσηύδα
πάντα μάλ' ως επέτελλον Ολύμπια δώματ' έχουσαι.
τῇ δ' άρα θυμόν έπειθεν ενί στήθεσσι φίλοισι,
βάν δε ποσί τρήρωσι πελειάσιν ίθμαθ' ομοίαι.
εὖτ' επί Δήλου έβαινε μογοστόκος Ειλείθυια, 115
την τότε δη τόκος εἷλε, μενοίνησεν δε τεκέσθαι.
αμφί δε φοίνικι βάλε πήχεε, γοῦνα δ' έρεισε
λειμώνι μαλακώ, μείδησε δε γαῖ' υπένερθεν·
εκ δ' έθορε προ φόως δέ, θεαί δ' ολόλυξαν άπασαι.
ένθα σε ῆϊε Φοίβε θεαί λόον ύδατι καλώ 120
αγνώς και καθαρώς, σπάρξαν δ' εν φάρεϊ λευκώ
λεπτώ νηγατέω· περί δε χρύσεον στρόφον ῆκαν.
ουδ' άρ' Απόλλωνα χρυσάορα θήσατο μήτηρ,
αλλά Θέμις νέκταρ τε και αμβροσίην ερατεινήν
αθανάτῃσιν χερσίν επήρξατο· χαίρε δε Λητώ 125
ούνεκα τοξοφόρον και καρτερόν υιόν έτικτεν.
Αυτάρ επεί δη Φοίβε κατέβρως άμβροτον είδαρ,
οὔ σέ γ' έπειτ' ίσχον χρύσεοι στρόφοι ασπαίροντα,
ουδ' έτι δεσμά σ' έρυκε, λύοντο δε πείρατα πάντα.
αυτίκα δ' αθανάτῃσι μετηύδα Φοίβος Απόλλων· 130

110 από M : απέκ (απ'έκ) cet. 112 έχοντες Ε Τ 114 Ar. Aves 575
Ίριν δέ γ' Όμηρος έφασκ' ικέλην είναι τρήρωνι πελείῃ. schol. ad loc. ότι
ψεύδεται παίζων· ου γαρ επί Ίριδος αλλ' επί Αθηνάς και Ήρας (Ε 778)
αἱ δε βάτην τρήρωσι πελειάσιν ίθμαθ' ομοίαι.
οι δε εν ετέροις ποιήμασιν ομήρου φασί τούτο φέρεσθαι. εισί γαρ αυτού
και ύμνοι. ίθμαθ' Μ : ίσμαθ' x, cf. Marx l. c. : ίσθμαθ' p S commendat
Jacobsohn Hermes 1910. 201 : ίθμαθ' s D, Π ss. eaedem varietates
Ε 778 115 μονοστόκος L¹ Π : μογοστόλος Ε 116 μενήνυσε
Μ 119 εν L¹ Π 120 λοῦον codd. corr. Steph. 122 στροφόν
codd. corr. Stephanus, item 128 125 αθανάτοισι Κ V¹ επώρξατο
Μ 128 έσχον S ασπαίροντες Ε Τ 129 δεσμά σ' p : δεσμά τ'
seu δέσμα τ' cet. 130 αθανάτοισι D J E ed. pr.

ΥΜΝΟΙ

εἴη μοι κίθαρίς τε φίλη καὶ καμπύλα τόξα,
χρήσω δ' ἀνθρώποισι Διὸς νημερτέα βουλήν.
Ὣς εἰπὼν ἐβίβασκεν ἀπὸ χθονὸς εὐρυοδείης
Φοῖβος ἀκερσεκόμης ἑκατηβόλος· αἱ δ' ἄρα πᾶσαι
θάμβεον ἀθάναται, χρυσῷ δ' ἄρα Δῆλος ἅπασα   135
⊃ βεβρίθει καθορῶσα Διὸς Λητοῦς τε γενέθλην,
⊃ γηθοσύνῃ ὅτι μιν θεὸς εἵλετο οἰκία θέσθαι
⊃ νήσων ἠπείρου τε, φίλησε δὲ κηρόθι μᾶλλον.
• ἤνθησ' ὡς ὅτε τε ῥίον οὔρεος ἄνθεσιν ὕλης.
Αὐτὸς δ' ἀργυρότοξε ἄναξ ἑκατηβόλ' Ἄπολλον,   140
ἄλλοτε μέν τ' ἐπὶ Κύνθου ἐβήσαο παιπαλόεντος,
ἄλλοτε δ' ἂν νήσους τε καὶ ἀνέρας ἠλάσκαζες.
πολλοί τοι νηοί τε καὶ ἄλσεα δενδρήεντα,
πᾶσαι δὲ σκοπιαί τε φίλαι καὶ πρώονες ἄκροι
ὑψηλῶν ὀρέων, ποταμοί θ' ἅλα δὲ προρέοντες·   145
ἀλλὰ σὺ Δήλῳ Φοῖβε μάλιστ' ἐπιτέρπεαι ἦτορ,
ἔνθα τοι ἑλκεχίτωνες Ἰάονες ἠγερέθονται
αὐτοῖς σὺν παίδεσσι καὶ αἰδοίῃς ἀλόχοισιν.
οἱ δέ σε πυγμαχίῃ τε καὶ ὀρχηθμῷ καὶ ἀοιδῇ
μνησάμενοι τέρπουσιν ὅταν στήσωνται ἀγῶνα.   150
φαίη κ' ἀθανάτους καὶ ἀγήρως ἔμμεναι αἰεὶ
ὃς τότ' ἐπαντιάσει' ὅτ' Ἰάονες ἀθρόοι εἶεν·

132 δ'] τ' x M P S   133 ἐπὶ Matthiae, sed cf. E 13 τ 389 χ 72, I. G. Ins. Aeg. iii. 449   136-138 om. codd. praeter y: (scilicet exstant in marg. E L¹ T praefixis in E T Ͻ Ͻ et ἐν ἑτέρῳ κείνται καὶ οὗτοι οἱ στίχοι, in textu Π signis Ͻ ante vv. 136, 137 isdemque verbis καὶ οὗτοι οἱ στίχοι κείνται praefixis: in marg. O m. 2, in textu S ed. pr.:) 136-138 et 139 alius esse recensionis signis indicavimus   137 οἵατο Π marg. (voluitne ἵλατο?)   139 ὡς ὅτε γ' ἀνθέει οὔρεος ἄνθεσιν ὕλῃ J similia D'Orville J. Ph. xxv. 251   142 ἂν D'Orville: αὖ codd., cf. B 198 144 ἄκραι J   145 ὑψηλῶντ' ὀρέων ποταμοὶ ἅλ. M   146-150 Thuc. iii. 104 δηλοῖ δὲ μάλιστα Ὅμηρος ὅτι τοιαῦτα ἦν ἐν τοῖς ἔπεσι τοῖσδε, ἅ ἐστιν ἐκ προοιμίου Ἀπόλλωνος   146 ἀλλ' ὅτε Thuc. ἐπετέρπεο M   μάλιστά γε θυμὸν ἐτέρφθης Thuc.   147 ὁ αὐτὸς ἐν τῇ ν̄ Ἰλιάδος [685] Ἰάονες ἑλκεσιχίτωνες L¹ Π: cf. Asii Samii fr. 13 Kink.   148 σὺν σφοῖσιν τεκέεσσι γυναιξί τε σὴν ἐς ἀγυιάν Thuc. 149 ἔνθα σε Thuc.   ὀρχηστυῖ Thuc.   150 καθέσωσιν Thuc.   151 ἀθάνατος M, Bernardus Martin   αἰεὶ] ἀνήρ x (ἀνὴρ αἰεὶ L¹) At D K : ἔνδρας J K m 2   152 οἳ τότ' ἐπ' ἀντιᾶσί τ' Ἰάονες M : οἳ τότ' ἐπάντια σεῖο τ' Ἰάονες x ε At D S : οἳ δὴ τότ' ἐπαντία σεῖο p corr. Martin, cf. Herod. i. 124

ΕΙΣ ΑΠΟΛΛΩΝΑ

πάντων γάρ κεν ἴδοιτο χάριν, τέρψαιτο δὲ θυμὸν
ἄνδρας τ' εἰσορόων καλλιζώνους τε γυναῖκας
νῆάς τ' ὠκείας ἠδ' αὐτῶν κτήματα πολλά.   155
πρὸς δὲ τόδε μέγα θαῦμα, ὅου κλέος οὔποτ' ὀλεῖται,
κοῦραι Δηλιάδες Ἑκατηβελέταο θεράπναι·
αἵ τ' ἐπεὶ ἂρ πρῶτον μὲν Ἀπόλλων' ὑμνήσωσιν,
αὖτις δ' αὖ Λητώ τε καὶ Ἄρτεμιν ἰοχέαιραν,
μνησάμεναι ἀνδρῶν τε παλαιῶν ἠδὲ γυναικῶν   160
ὕμνον ἀείδουσιν, θέλγουσι δὲ φῦλ' ἀνθρώπων.
πάντων δ' ἀνθρώπων φωνὰς καὶ κρεμβαλιαστὺν
μιμεῖσθ' ἴσασιν· φαίη δέ κεν αὐτὸς ἕκαστος
φθέγγεσθ'· οὕτω σφιν καλὴ συνάρηρεν ἀοιδή.
ἀλλ' ἄγεθ' ἱλήκοι μὲν Ἀπόλλων Ἀρτέμιδι ξύν,   165
χαίρετε δ' ὑμεῖς πᾶσαι· ἐμεῖο δὲ καὶ μετόπισθε
μνήσασθ', ὁππότε κέν τις ἐπιχθονίων ἀνθρώπων
ἐνθάδ' ἀνείρηται ξεῖνος ταλαπείριος ἐλθών·
ὦ κοῦραι, τίς δ' ὔμμιν ἀνὴρ ἥδιστος ἀοιδῶν
ἐνθάδε πωλεῖται, καὶ τέῳ τέρπεσθε μάλιστα;   170
ὑμεῖς δ' εὖ μάλα πᾶσαι ὑποκρίνασθ' ἀμφ' ἡμέων·
τυφλὸς ἀνήρ, οἰκεῖ δὲ Χίῳ ἔνι παιπαλοέσσῃ,

156 τόδ' αὖ J   δου B E : θ' οὗ M : ᾧ οὗ sim. cet. cf. Herm. 400   157 δηλιάδες δ' codd. praeter M   158 ἂρ] ἂν s   159 αὖθις p   162 βαμβαλιαστὺν Ε Τ : κρεμβαλιαστὺν (ss. βαμ) L¹ Π : κρεμβαλιαστὺν D L³ Q S ed. pr. : -στὴν M J K Mon. -σὺν p (plerique)   163 μιμεῖσθαι codd. corr. Barnes   164 ἀοιδῇ L¹   165 Thuc. l. c. ὅτι δὲ καὶ μουσικῆς ἀγὼν ἦν καὶ ἀγωνιούμενοι ἐφοίτων ἐν τοῖσδε αὖ δηλοῖ, ἅ ἐστιν ἐκ τοῦ αὐτοῦ προοιμίου· τὸν γὰρ Δηλιακὸν χορὸν τῶν γυναικῶν ὑμνήσας ἐτελεύτα τοῦ ἐπαίνου ἐς τάδε τὰ ἔπη, ἐν οἷς καὶ ἑαυτοῦ ἐπεμνήσθη [165-172]. Aristides xxxiv. 35 διαλεγόμενος γὰρ ταῖς Δηλιάσι καὶ καταλύων τὸ προοίμιον εἴ τις ἔροιθ' ὑμᾶς φησὶν [169-172] cf. xxviii. 19   ἀλλά γε λητὼ μὲν καὶ ἀπόλλων M : ἀλλ' ἄγε δὴ λητὼ μὲν ἀπόλλων cet. praeter S: ἀλλ' ἄγεθ' ἱλήκοι μὲν ἀπόλλων L⁵ S Thucydidis codd. vetustiores: reposuit Normann   166 ἐμεῖο D K L² N R² V¹ : ἐμοῖο cet.   168 ταλαπείριος ἄλλος ἐπελθών Thuc.   171 ὑποκρίνασθε codd. (-θαι S: ὑποκρίνεσθ' M : ἀπ- Aristid.)   ἀφ' ἡμέων M D L¹ Π At D s : ἀφ' ἡμῶν Aristides : ἀφ' ὑμέων Ε Τ S : ἀφ' ὑμῶν p : ἀφήμως Thuc. codices antiquiores εὐφήμως recentiores : correxit F. Marx Rh. Mus. 1907. 620. poeta ap. Suidam in v. Κοκκύαι. ἀ(μ)φ' ὑμέων κοκύησι καθημένη ἀρχαίῃσι   172 σῆ ἐντεῦθέν ἐστιν εἰδέναι τὸν ὅμηρον χῖον εἶναι T marg. : σῆ ὡς ἐντεῦθεν φαίνει (ἐμφ. L¹) ὅμηρος ἑαυτὸν χῖον εἶναι L¹ Π marg.

ΥΜΝΟΙ

τοῦ πᾶσαι μετόπισθεν ἀριστεύουσιν ἀοιδαί.
ἡμεῖς δ' ὑμέτερον κλέος οἴσομεν ὅσσον ἐπ' αἶαν
ἀνθρώπων στρεφόμεσθα πόλεις εὖ ναιεταώσας· 175
οἱ δ' ἐπὶ δὴ πείσονται, ἐπεὶ καὶ ἐτήτυμόν ἐστιν.
αὐτὰρ ἐγὼν οὐ λήξω ἑκηβόλον Ἀπόλλωνα
ὑμνέων ἀργυρότοξον ὃν ἠΰκομος τέκε Λητώ.
ὦ ἄνα, καὶ Λυκίην καὶ Μῃονίην ἐρατεινὴν
καὶ Μίλητον ἔχεις ἔναλον πόλιν ἱμερόεσσαν, 180
αὐτὸς δ' αὖ Δήλοιο περικλύστου μέγ' ἀνάσσεις.
εἶσι δὲ φορμίζων Λητοῦς ἐρικυδέος υἱὸς
φόρμιγγι γλαφυρῇ πρὸς Πυθὼ πετρήεσσαν,
ἄμβροτα εἵματ' ἔχων τεθυωμένα· τοῖο δὲ φόρμιγξ
χρυσέου ὑπὸ πλήκτρου καναχὴν ἔχει ἱμερόεσσαν. 185
ἔνθεν δὲ πρὸς Ὄλυμπον ἀπὸ χθονὸς ὥς τε νόημα
εἶσι Διὸς πρὸς δῶμα θεῶν μεθ' ὁμήγυριν ἄλλων·
αὐτίκα δ' ἀθανάτοισι μέλει κίθαρις καὶ ἀοιδή.
Μοῦσαι μέν θ' ἅμα πᾶσαι ἀμειβόμεναι ὀπὶ καλῇ
ὑμνεῦσίν ῥα θεῶν δῶρ' ἄμβροτα ἠδ' ἀνθρώπων 190
τλημοσύνας, ὅσ' ἔχοντες ὑπ' ἀθανάτοισι θεοῖσι
ζώουσ' ἀφραδέες καὶ ἀμήχανοι, οὐδὲ δύνανται
εὑρέμεναι θανάτοιό τ' ἄκος καὶ γήραος ἄλκαρ·
αὐτὰρ ἐϋπλόκαμοι Χάριτες καὶ ἐΰφρονες Ὧραι
Ἁρμονίη θ' Ἥβη τε Διὸς θυγάτηρ τ' Ἀφροδίτη 195
ὀρχεῦντ' ἀλλήλων ἐπὶ καρπῷ χεῖρας ἔχουσαι·
τῇσι μὲν οὔτ' αἰσχρὴ μεταμέλπεται οὔτ' ἐλάχεια,
ἀλλὰ μάλα μεγάλη τε ἰδεῖν καὶ εἶδος ἀγητὴ
Ἄρτεμις ἰοχέαιρα ὁμότροφος Ἀπόλλωνι.
ἐν δ' αὖ τῇσιν Ἄρης καὶ ἐΰσκοπος Ἀργειφόντης 200

174 ἡμέτερον *x* At D   176 ἐπειδὴ M E T S: ἐπιδὴν *p*   178 ὑμνῶν *p*
181 δ' αὖ] γὰρ M   περικλύστου] ita M : περικλύστης cet. : περικλύστης
(ss. οιο) Γ (sc. om. μέγ')   184 ἔχον *p* L¹ Π   τεθυώδεα codd. : θυώδεα
(ss. τε) Γ: εὐωδέα Pierson : corr. Barnes   pro hoc versu ἔνθεν δὲ πρὸς
ὄλυμπον (186) *s* quae hic desinit   189 om. *p*   192 ἀμφαδέες libri
praeter M Γ marg., cf. Nonn. v. 349   197 οὔτε λάχεια omnes praeter
p (-εῖα M E T)   198 ἀγητῇ] ἀγαυὴ M   200 ἔνθ' codd. praeter M
αὐτῇσιν M

ΕΙΣ ΑΠΟΛΛΩΝΑ

παίζουσ'· αὐτὰρ ὁ Φοῖβος Ἀπόλλων ἐγκιθαρίζει
καλὰ καὶ ὕψι βιβάς, αἴγλη δέ μιν ἀμφιφαείνει
μαρμαρυγαί τε ποδῶν καὶ ἐϋκλώστοιο χιτῶνος.
οἱ δ' ἐπιτέρπονται θυμὸν μέγαν εἰσορόωντες
Λητώ τε χρυσοπλόκαμος καὶ μητίετα Ζεὺς   205
υἷα φίλον παίζοντα μετ' ἀθανάτοισι θεοῖσι.
πῶς τ' ἄρ σ' ὑμνήσω πάντως εὔυμνον ἐόντα;
ἠέ σ' ἐνὶ μνηστῆσιν ἀείδω καὶ φιλότητι
ὅππως μνωόμενος ἔκιες Ἀζαντίδα κούρην
Ἴσχυ' ἅμ' ἀντιθέῳ Ἐλατιονίδῃ εὐίππῳ;   210
ἢ ἅμα Φόρβαντι Τριοπέῳ γένος, ἢ ἅμ' Ἐρευθεῖ;
ἢ ἅμα Λευκίππῳ καὶ Λευκίπποιο δάμαρτι
πεζός, ὁ δ' ἵπποισιν; οὐ μὴν Τρίοπός γ' ἐνέλειπεν.
ἢ ὡς τὸ πρῶτον χρηστήριον ἀνθρώποισι
ζητεύων κατὰ γαῖαν ἔβης ἑκατηβόλ' Ἄπολλον;   215
Πιερίην μὲν πρῶτον ἀπ' Οὐλύμποιο κατῆλθες·
Λέκτον τ' ἠμαθόεντα παρέστιχες ἠδ' Αἰνιῆνας
καὶ διὰ Περραιβούς· τάχα δ' εἰς Ἰαωλκὸν ἵκανες,
Κηναίου τ' ἐπέβης ναυσικλείτης Εὐβοίης·
στῆς δ' ἐπὶ Ληλάντῳ πεδίῳ, τό τοι οὐχ ἅδε θυμῷ   220
τεύξασθαι νηόν τε καὶ ἄλσεα δενδρήεντα.

202 ἀμφιφαείνη L³ N Q R² V,¹ η ss. x L², γρ. marg. Γ R¹: -ειὴ O: -ειη L¹: -ει (ss. η) Π Τ, (ss. ηι) E   203 μαρμαρυγὰs O ut Bothe   204 μέγα M 207 πάντοσ' M   208 μνηστῆρσιν E   209 ὁππόταν ἱέμενος M: ὁππότ' ἀνωόμενος S: ὅππος' ἀνωόμενος cet. corr. Martin: ὁππόσα μαιόμενος κίες εἰς Ludwich   ἀτλαντίδα M: Ἀζανίδα Martin   210 ἐλατιονίδῃ E B ed. pr.: ἐλατινιονίδη cet. (ἐλατινονίδῃ M)   211 v. om. p At   τριοπέῳ correximus: τριόπῳ (τριοπῶ M) γένος x M: τριοπόω om. γένος marg. L¹ Π ἅμ' ἐρεχθεῖ M D'Orville: ἀμαρύνθω marg. L¹ Π: Ἐρύμανθος Ptol. Heph. 146 b 41   213 ἐνέλειπεν A Q S: ἐνέλιπεν vulg.: ἐλέλιψεν M 214 ὡς] καὶ E L¹ T   215 ἀπόλλωνος p (= ἀπόλλων ss. o) 216 πιερίην S: πετρίνην M, cf. Herod. viii. 44: πιερίης x D ed. pr.: πιερίη p   217 Λέκτον] Λύγκον Hermann: Λάκμον Baumeister   ἠμαθόεντα] Ἠμαθίην τε Matthiae   Αἰνιῆνας] ἠδ' ἀγνιήνας M: ἢ μαγνιήνας y, γρ. V²: μαγνηΐδας (ss. ν) Γ: ἢ μαγνηΐδας x p: μαγνηῆτας At: Ἐνιῆνας Matthiae. mirus gentium ordo   218 ἰωλκὸν codd. (ἰολκὸν M) corr. Barnes   219 κυναίου A B: κὔναί Γ   220 τῶτ' M   οὐχάδε codd. (ἅδε Π), corr. ed. pr.   221 τεύξεσθαι L¹ Π

ΥΜΝΟΙ

ἔνθεν δ' Εὔριπον διαβὰς ἑκατηβόλ' Ἄπολλον
βῆς ἀν' ὄρος ζάθεον χλωρόν· τάχα δ' ἷξες ἀπ' αὐτοῦ
ἐς Μυκαλησσὸν ἰὼν καὶ Τευμησσὸν λεχεποίην.
Θήβης δ' εἰσαφίκανες ἕδος καταειμένον ὕλῃ· 225
οὐ γάρ πώ τις ἔναιε βροτῶν ἱερῇ ἐνὶ Θήβῃ,
οὐδ' ἄρα πω τότε γ' ἦσαν ἀταρπιτοὶ οὐδὲ κέλευθοι
Θήβης ἂμ πεδίον πυρηφόρον, ἀλλ' ἔχεν ὕλη.
ἔνθεν δὲ προτέρω ἔκιες ἑκατηβόλ' Ἄπολλον,
Ὀγχηστὸν δ' ἷξες Ποσιδήϊον ἀγλαὸν ἄλσος· 230
ἔνθα νεοδμὴς πῶλος ἀναπνέει ἀχθόμενός περ
ἕλκων ἅρματα καλά, χαμαὶ δ' ἐλατὴρ ἀγαθός περ
ἐκ δίφροιο θορὼν ὁδὸν ἔρχεται· οἱ δὲ τέως μὲν
κείν' ὄχεα κροτέουσιν ἀνακτορίην ἀφιέντες.
εἰ δέ κεν ἅρματ' ἀγῇσιν ἐν ἄλσεϊ δενδρήεντι, 235
ἵππους μὲν κομέουσι, τὰ δὲ κλίναντες ἐῶσιν·
ὣς γὰρ τὰ πρώτισθ' ὁσίη γένεθ'· οἱ δὲ ἄνακτι
εὔχονται, δίφρον δὲ θεοῦ τότε μοῖρα φυλάσσει.
ἔνθεν δὲ προτέρω ἔκιες ἑκατηβόλ' Ἄπολλον·
Κηφισὸν δ' ἄρ' ἔπειτα κιχήσαο καλλιρέεθρον, 240
ὅς τε Λιλαίηθεν προχέει καλλίρροον ὕδωρ·
τὸν διαβὰς Ἑκάεργε καὶ Ὠκαλέην πολύπυργον
ἔνθεν ἄρ' εἰς Ἁλίαρτον ἀφίκεο ποιήεντα.
βῆς δ' ἐπὶ Τελφούσης· τόθι τοι ἅδε χῶρος ἀπήμων
τεύξασθαι νηόν τε καὶ ἄλσεα δενδρήεντα. 245

223 ἷξες *xp* : ἷξας D S ed. pr. : εἷξας M   ἀπ' M ed. pr. ἐπ' cet.
224 μυκάλισσον M   τέμμισον M : τελμησσὸν *p* : Τευμησσός, ὄρος Βοιωτίας. Ὅμηρος ἐν τῷ εἰς Ἀπόλλωνα ὕμνῳ citato h. v. Steph. Byz.
227 πω τότε *p* D : πώποτε cet.   228 ἀμπεδίον codd. corr. Ilgen ὕλην codd. corr. Barnes   230 ὑγχηστον hic codd. τὰ εἰς στος τῷ ἢ παραληγόμενα κύρια ὀξύνεται, Ὀγχηστὸς ἄλσος [B 506] Herodian. i. 223. 29 Lentz; cf. Herm. 88, 186, 190   231 ἀναπνείει codd. praeter M N S 232 om. (ex homoeotel.) M B O   233 οὐδὲ L¹ Π   234 κείν' vulg.: κεῖνον M (sc. κεῖν'): κεῖν' S   κρατεούσιν M   ἀφιέν (ss. τ) M   235 ἄγησιν codd. corr. Ilgen, Cobet   241 προχέει] προίει Hesiod. fr. 37   243 ἀλίαρτον Γ m. 2 'leg. ἀλιαρ' Casaubon: ἅμαρτον, ἄμαρτον cet.
244 δελφούσης (ss. τ) Γ : δελφούσης cet.   οἱ codd. praeter M E

ΕΙΣ ΑΠΟΛΛΩΝΑ

στῆς δὲ μάλ' ἄγχ' αὐτῆς καί μιν πρὸς μῦθον ἔειπες·
Τελφοῦσ' ἐνθάδε δὴ φρονέω περικαλλέα νηὸν
ἀνθρώπων τεῦξαι χρηστήριον, οἵ τέ μοι αἰεὶ
ἐνθάδ' ἀγινήσουσι τεληέσσας ἑκατόμβας,
ἠμὲν ὅσοι Πελοπόννησον πίειραν ἔχουσιν   250
ἠδ' ὅσοι Εὐρώπην τε καὶ ἀμφιρύτους κάτα νήσους,
χρησόμενοι· τοῖσιν δέ τ' ἐγὼ νημερτέα βουλὴν
πᾶσι θεμιστεύοιμι χρέων ἐνὶ πίονι νηῷ.
ˆΩς εἰπὼν διέθηκε θεμείλια Φοῖβος Ἀπόλλων
εὐρέα καὶ μάλα μακρὰ διηνεκές· ἡ δὲ ἰδοῦσα   255
Τελφοῦσα κραδίην ἐχολώσατο εἶπέ τε μῦθον·
Φοῖβε ἄναξ ἑκάεργε ἔπος τί τοι ἐν φρεσὶ θήσω,
ἐνθάδ' ἐπεὶ φρονέεις τεῦξαι περικαλλέα νηὸν
ἔμμεναι ἀνθρώποις χρηστήριον, οἱ δέ τοι αἰεὶ
ἐνθάδ' ἀγινήσουσι τεληέσσας ἑκατόμβας·   260
ἀλλ' ἔκ τοι ἐρέω, σὺ δ' ἐνὶ φρεσὶ βάλλεο σῇσι·
πημανέει σ' αἰεὶ κτύπος ἵππων ὠκειάων
ἀρδόμενοί τ' οὐρῆες ἐμῶν ἱερῶν ἀπὸ πηγέων·
ἔνθα τις ἀνθρώπων βουλήσεται εἰσοράασθαι
ἅρματά τ' εὐποίητα καὶ ὠκυπόδων κτύπον ἵππων 265
ἢ νηόν τε μέγαν καὶ κτήματα πόλλ' ἐνεόντα.
ἀλλ' εἰ δή τι πίθοιο, σὺ δὲ κρείσσων καὶ ἀρείων
ἐσσὶ ἄναξ ἐμέθεν, σεῦ δὲ σθένος ἐστὶ μέγιστον·
ἐν Κρίσῃ ποίησαι ὑπὸ πτυχὶ Παρνησοῖο.
ἔνθ' οὔθ' ἅρματα καλὰ δονήσεται, οὔτε τοι ἵππων 270
ὠκυπόδων κτύπος ἔσται ἐΰδμητον περὶ βωμόν.
ἀλλά τοι ὣς προσάγοιεν Ἰηπαιήονι δῶρα

247 δελφοῦσ' (256 δελφοῦσα) praeter M codd.   249 ἐνθάδ'] πολλοὶ
M   251 ἀμφιρύτας codd. praeter M   252 τ'] κ' Ilgen, cf. 292
253 θεμιστεύσοιμι Β Γ, cf. 293   ἐν M   255 ἡ δὲ ἰδοῦσα Hermann
cl. 341 : δ' ἐσιδοῦσα codd.   259 ἀνθρώποισι codd. praeter p
260 τελειέσσας E T p (praeter P R¹)   261-289 om. E T   263 πηγῶν
M   269 κρίσῃ M : -ει V¹ : κρίσσῃ cet.   ποιῆσαι M   παρνησοῖο
M : -ασ(σ)οῖο cet.   272 τοι M : καὶ cet.   προσάγοιεν x D S ed. pr. :
προσάγοιεν cet. (προσάγοι ἐνηεῖ παιήονι M)

ΥΜΝΟΙ

ἀνθρώπων κλυτὰ φῦλα, σὺ δὲ φρένας ἀμφιγεγηθὼς
δέξαι' ἱερὰ καλὰ περικτιόνων ἀνθρώπων.
Ὣς εἰποῦσ' Ἑκάτου πέπιθε φρένας, ὄφρα οἱ αὐτῇ   275
Τελφούσῃ κλέος εἴη ἐπὶ χθονὶ μηδ' Ἑκάτοιο.
ἔνθεν δὲ προτέρω ἔκιες ἑκατηβόλ' Ἄπολλον,
ἷξες δ' ἐς Φλεγύων ἀνδρῶν πόλιν ὑβριστάων,
οἳ Διὸς οὐκ ἀλέγοντες ἐπὶ χθονὶ ναιετάασκον
ἐν καλῇ βήσσῃ Κηφισίδος ἐγγύθι λίμνης.   280
ἔνθεν καρπαλίμως προσέβης πρὸς δειράδα θύων,
ἷκεο δ' ἐς Κρίσην ὑπὸ Παρνησὸν νιφόεντα
κνημὸν πρὸς ζέφυρον τετραμμένον, αὐτὰρ ὕπερθεν
πέτρη ἐπικρέμαται, κοίλη δ' ὑποδέδρομε βῆσσα
τρηχεῖ'· ἔνθα ἄναξ τεκμήρατο Φοῖβος Ἀπόλλων   285
νηὸν ποιήσασθαι ἐπήρατον εἶπέ τε μῦθον·
ἐνθάδε δὴ φρονέω τεύξειν περικαλλέα νηὸν
ἔμμεναι ἀνθρώποις χρηστήριον οἵ τέ μοι αἰεὶ
ἐνθάδ' ἀγινήσουσι τεληέσσας ἑκατόμβας,
ἠμὲν ὅσοι Πελοπόννησον πίειραν ἔχουσιν,   290
ἠδ' ὅσοι Εὐρώπην τε καὶ ἀμφιρύτους κατὰ νήσους,
χρησόμενοι· τοῖσιν δ' ἄρ' ἐγὼ νημερτέα βουλὴν
πᾶσι θεμιστεύοιμι χρέων ἐνὶ πίονι νηῷ.
Ὣς εἰπὼν διέθηκε θεμείλια Φοῖβος Ἀπόλλων
εὐρέα καὶ μάλα μακρὰ διηνεκές· αὐτὰρ ἐπ' αὐτοῖς   295
λάϊνον οὐδὸν ἔθηκε Τροφώνιος ἠδ' Ἀγαμήδης
υἱέες Ἐργίνου, φίλοι ἀθανάτοισι θεοῖσιν·
ἀμφὶ δὲ νηὸν ἔνασσαν ἀθέσφατα φῦλ' ἀνθρώπων
κτιστοῖσιν λάεσσιν ἀοίδιμον ἔμμεναι αἰεί.

274 δέξαι M x D S : δέξαιο p corr. Ilgen   276 τελφούσῃ M L¹ ss.: δελφούσῃ cet.   hινα κλεος ειη I. G. Ins. Aeg. 737   279 ναιετάεσκον M   282 Ἶκες S   κρίσσην praeter M libri   283 κνήμον D L¹ Π   284 πέτρος M   ὑποκρέμαται x At D S ed. pr.   290-293 bina signa (:) praefixa habet T   291 ἠδ'] οἶδ' x N ed. pr.   ἀμφιρύτας ed. pr.   292 τοῖσιν] τῆσιν x D ed. pr.   ἄρ' M : ἂν cet.   293-320 om. B   293 θεμιστεύσοιμι praeter M omnes, cf. 253   νηῷ] βωμῷ p (νηῷ νιῷ ss. N O P V¹)   295 μακρὰ] καλὰ M   διηνεκὲς M : διαμπερὲς cet., cf. 255   297 υἱέε σεργίνου vulg.: v. σεργῖνος Π corr. S V² ed. pr.   299 ξεστοῖσιν Ernesti : ῥυτοῖσιν, τυκτοῖσιν alii

ΕΙΣ ΑΠΟΛΛΩΝΑ

ἀγχοῦ δὲ κρήνη καλλίρροος ἔνθα δράκαιναν 300
κτεῖνεν ἄναξ Διὸς υἱὸς ἀπὸ κρατεροῖο βιοῖο
ζατρεφέα μεγάλην τέρας ἄγριον, ἣ κακὰ πολλὰ
ἀνθρώπους ἔρδεσκεν ἐπὶ χθονί, πολλὰ μὲν αὐτοὺς
πολλὰ δὲ μῆλα ταναύποδ᾽ ἐπεὶ πέλε πῆμα δαφοινόν.
καί ποτε δεξαμένη χρυσοθρόνου ἔτρεφεν Ἥρης 305
δεινόν τ᾽ ἀργαλέον τε Τυφάονα πῆμα βροτοῖσιν,
ὅν ποτ᾽ ἄρ᾽ Ἥρη ἔτικτε χολωσαμένη Διὶ πατρὶ
ἡνίκ᾽ ἄρα Κρονίδης ἐρικυδέα γείνατ᾽ Ἀθήνην
ἐν κορυφῇ· ἡ δ᾽ αἶψα χολώσατο πότνια Ἥρη
ἠδὲ καὶ ἀγρομένοισι μετ᾽ ἀθανάτοισιν ἔειπε· 310
κέκλυτέ μευ πάντες τε θεοὶ πᾶσαί τε θέαιναι,
ὥς ᾽ἔμ᾽ ἀτιμάζειν ἄρχει νεφεληγερέτα Ζεὺς
πρῶτος, ἐπεί μ᾽ ἄλοχον ποιήσατο κέδν᾽ εἰδυῖαν·
καὶ νῦν νόσφιν ἐμεῖο τέκε γλαυκῶπιν Ἀθήνην,
ἣ πᾶσιν μακάρεσσι μεταπρέπει ἀθανάτοισιν· 315
αὐτὰρ ὅ γ᾽ ἠπεδανὸς γέγονεν μετὰ πᾶσι θεοῖσι
παῖς ἐμὸς Ἥφαιστος ῥικνὸς πόδας ὃν τέκον αὐτὴ

ῥίψ᾽ ἀνὰ χερσὶν ἑλοῦσα καὶ ἔμβαλον εὐρέι πόντῳ·
ἀλλά ἑ Νηρῆος θυγάτηρ Θέτις ἀργυρόπεζα
δέξατο καὶ μετὰ ᾗσι κασιγνήτῃσι κόμισσεν· 320
ὡς ὄφελ᾽ ἄλλο θεοῖσι χαρίσσασθαι μακάρεσσι.
σχέτλιε ποικιλομῆτα τί νῦν μητίσεαι ἄλλο;

304 ταναύποδ᾽ x S ed. pr. : τανύποδ᾽ cet., cf. Herm. 232, 1 464
306 τυφάονα p S ed. pr., cf. 352 : τυφλὸν x At D : τυφλὸν τε M
308 ἦνεκ᾽ ἄρα M praefixis punctis : εὖτ᾽ ἄρα δὴ cet. 309 κορυφῆς, s
m. 2, Γ : ἄλλως ἐκ κορυφῆς V², idem Barnes 310 ἠδὲ M D N
311 θεαὶ pro θεοὶ A Γ L² O P 313 ἐποιήσατο codd. corr. Steph.
314 ἐμοῖο M Γ 317 λείπει marg. ed. pr., lacunam stat. Matthiae
αὐτὴ ex αὐτὸς uv. T 318 ῥίψ᾽ ἀνὰ (ss. δε) Γ : ῥίψα δὲ χερσὶν
V² ἑλοῦσα (ss. ὢν) T ἔμβαλον M ed. pr. Γ ss. : ἔμβαλεν cet.
320 κόμισεν codd. corr. Steph. : ἐβάστασεν· εἰ δὲ μετὰ τοῦ ἦ ἐπιμελείας ἠξίωσεν· ὁ αὐτὸς καὶ ἐν τῇ σ Ἰλιάδος [395]· ἦ μ᾽ ἐσάωσ᾽ ὅτε μ᾽ ἄλγος
ἀφίκ (ss. α) marg. L¹ Π 321 χαρίσασθαι M : χαρίζεσθαι cet., cf. 430
322 σχέτλια M μητίσεαι M : μήσεαι x D : ἔτι μήσεαι p

ΥΜΝΟΙ

πῶς ἔτλης οἷος τεκέειν γλαυκώπιδ' Ἀθήνην;
οὐκ ἂν ἐγὼ τεκόμην; καὶ σὴ κεκλημένη ἔμπης
ἦα ῥ' ἐν ἀθανάτοισιν οἳ οὐρανὸν εὐρὺν ἔχουσι. 325
φράζεο νῦν μή τοί τι κακὸν μητίσομ' ὀπίσσω· 325a
καὶ νῦν μέν τοι ἐγὼ τεχνήσομαι ὥς κε γένηται
παῖς ἐμὸς ὅς κε θεοῖσι μεταπρέποι ἀθανάτοισιν,
οὔτε σὸν αἰσχύνασ' ἱερὸν λέχος οὔτ' ἐμὸν αὐτῆς,
οὐδέ τοι εἰς εὐνὴν πωλήσομαι, ἀλλ' ἀπὸ σεῖο
τηλόθεν οὖσα θεοῖσι μετέσσομαι ἀθανάτοισιν. 330
Ὣς εἰποῦσ' ἀπονόσφι θεῶν κίε χωομένη περ.
αὐτίκ' ἔπειτ' ἠρᾶτο βοῶπις πότνια Ἥρη,
χειρὶ καταπρηνεῖ δ' ἔλασε χθόνα καὶ φάτο μῦθον·
κέκλυτε νῦν μοι γαῖα καὶ οὐρανὸς εὐρὺς ὕπερθεν,
Τιτῆνές τε θεοὶ τοὶ ὑπὸ χθονὶ ναιετάοντες 335
Τάρταρον ἀμφὶ μέγαν, τῶν ἐξ ἄνδρες τε θεοί τε·
αὐτοὶ νῦν μευ πάντες ἀκούσατε καὶ δότε παῖδα
νόσφι Διός, μηδέν τι βίην ἐπιδευέα κείνου·
ἀλλ' ὅ γε φέρτερος ἔστω ὅσον Κρόνου εὐρύοπα Ζεύς.
Ὣς ἄρα φωνήσασ' ἵμασε χθόνα χειρὶ παχείῃ· 340
κινήθη δ' ἄρα γαῖα φερέσβιος, ἡ δὲ ἰδοῦσα
τέρπετο ὃν κατὰ θυμόν, ὀίετο γὰρ τελέεσθαι.
ἐκ τούτου δὴ ἔπειτα τελεσφόρον εἰς ἐνιαυτὸν
οὔτε ποτ' εἰς εὐνὴν Διὸς ἤλυθε μητιόεντος,
οὔτε ποτ' εἰς θῶκον πολυδαίδαλον ὡς τὸ πάρος περ 345
αὐτῷ ἐφεζομένη πυκινὰς φραζέσκετο βουλάς·

325 ἦ ῥ' ἐν M D L¹ Π : ἦ ῥ' ἐν E T : ἦ ῥ' ἐν p : ἦ' ἄρ S : ἦν Γ m. 2 ed. pr. corr. Matthiae   325ᵃ om. codd. praeter y (γρ. Π : γρ. καὶ E T : γρ. καὶ οὕτως L¹) : μήτι τοι marg. L¹ Π T : τοί om. marg. E   326 ita M, καὶ νῦν τοί γάρ p ed. pr. (γάρ τοι Γ) : καὶ νῦν μὲν τοὶ γὰρ x At D   ἐγὼ τεχνήσομαι] ἔγωγ' ἐκθήσομαι M   328 αἰσχύνας codd. praeter p   331 περ] κῆρ Barnes   335 lacunam hic statuit Peppmueller   336 ἐξ L¹   338 μὴ δ' ἀντιβίην M   339 ἐστιν. ὅσον M : ἢ ὅσσον ed. pr. : ἢ πόσσον x D (πόσον subscr. sT): ἢ παρόσον p: ἔστω correximus: εἴη Hermann   341 schol. Genev. Φ 319 Ἀπολλόδωρος δέ φησι περισσὸν τὸ σ παρ' αὐτῷ εἶναι, ὡς παρ' Ὁμήρῳ τὴν φερέσβιον   ἡ δ' ἐσιδοῦσα praeter M codd.   342 ᾤετο M   344 om. p E (ex homoearch.)   346 φραζάσκετο x D

ΕΙΣ ΑΠΟΛΛΩΝΑ

ἀλλ' ἥ γ' ἐν νηοῖσι πολυλλίστοισι μένουσα
τέρπετο οἷς ἱεροῖσι βοῶπις πότνια Ἥρη.
ἀλλ' ὅτε δὴ μῆνές τε καὶ ἡμέραι ἐξετελεῦντο
ἂψ περιτελλομένου ἔτεος καὶ ἐπήλυθον ὧραι, 350
ἡ δ' ἔτεκ' οὔτε θεοῖς ἐναλίγκιον οὔτε βροτοῖσι
δεινόν τ' ἀργαλέον τε Τυφάονα πῆμα βροτοῖσιν.
αὐτίκα τόνδε λαβοῦσα βοῶπις πότνια Ἥρη
δῶκεν ἔπειτα φέρουσα κακῷ κακόν, ἡ δ' ὑπέδεκτο·
ὃς κακὰ πόλλ' ἔρδεσκε κατὰ κλυτὰ φῦλ' ἀνθρώπων. 355
ὃς τῇ γ' ἀντιάσειε, φέρεσκέ μιν αἴσιμον ἦμαρ
πρίν γέ οἱ ἰὸν ἐφῆκεν ἄναξ ἑκάεργος Ἀπόλλων
καρτερόν· ἡ δ' ὀδύνῃσιν ἐρεχθομένη χαλεπῇσι
κεῖτο μέγ' ἀσθμαίνουσα κυλινδομένη κατὰ χῶρον.
θεσπεσίη δ' ἐνοπὴ γένετ' ἄσπετος, ἡ δὲ καθ' ὕλην 360
πυκνὰ μάλ' ἔνθα καὶ ἔνθα ἑλίσσετο, λεῖπε δὲ θυμὸν
φοινὸν ἀποπνείουσ', ὁ δ' ἐπηύξατο Φοῖβος Ἀπόλλων·
ἐνταυθοῖ νῦν πύθευ ἐπὶ χθονὶ βωτιανείρῃ,
οὐδὲ σύ γε ζωοῖσι κακὸν δήλημα βροτοῖσιν
ἔσσεαι, οἳ γαίης πολυφόρβου καρπὸν ἔδοντες 365
ἐνθάδ' ἀγινήσουσι τεληέσσας ἑκατόμβας,
οὐδέ τί τοι θάνατόν γε δυσηλεγέ' οὔτε Τυφωεὺς
ἀρκέσει οὔτε Χίμαιρα δυσώνυμος, ἀλλὰ σέ γ' αὐτοῦ
πύσει γαῖα μέλαινα καὶ ἠλέκτωρ Ὑπερίων.
Ὣς φάτ' ἐπευχόμενος, τὴν δὲ σκότος ὄσσε κάλυψε. 370
τὴν δ' αὐτοῦ κατέπυσ' ἱερὸν μένος Ἠελίοιο·
ἐξ οὗ νῦν Πυθὼ κικλήσκεται, οἱ δὲ ἄνακτα
Πύθειον καλέουσιν ἐπώνυμον οὕνεκα κεῖθι
αὐτοῦ πῦσε πέλωρ μένος ὀξέος Ἠελίοιο.

347 πολυκλίστοισι M : πολυαλίστοισι At, cf. Dem. 28 349 μῆνες M : νύκτες cet. 350 ἐπιτελλομένου M 351 ἐναλίγγιον p 352 τυφῶνα πῆμα θεοῖσιν M 356 τώγ' M αἴσιον p 357 hic finitur S 358 χαλεπῇσι p M corr. : -οῖσι cet. 363 πουλυβοτείρῃ At 364 δήλομα L¹ 366 ἀδινήσουσι p (praeter N et L³ P R¹ ss.) 367 δυσκλεέ' M τυφωνεύς M 370 ὅσσ' ἐκάλυψε M 371 ἵμερον codd. corr. Casaubon 'leg. ἱερ.', Martin 373 πύθιον codd. corr. Barnes 374 αὐτοὺς O πέλας M

ΥΜΝΟΙ

Καὶ τότ' ἄρ' ἔγνω ᾗσιν ἐνὶ φρεσὶ Φοῖβος Ἀπόλλων 375
οὕνεκά μιν κρήνη καλλίρροος ἐξαπάφησε·
βῆ δ' ἐπὶ Τελφούσῃ κοχολωμένος, αἶψα δ' ἵκανε·
στῆ δὲ μάλ' ἄγχ' αὐτῆς καί μιν πρὸς μῦθον ἔειπε·
Τελφοῦσ', οὐκ ἄρ' ἔμελλες ἐμὸν νόον ἐξαπαφοῦσα
χῶρον ἔχουσ' ἐρατὸν προρέειν καλλίρροον ὕδωρ. 380
ἐνθάδε δὴ καὶ ἐμὸν κλέος ἔσσεται, οὐδὲ σὸν οἴης.
Ἦ καὶ ἐπὶ ῥίον ὦσεν ἄναξ ἑκάεργος Ἀπόλλων
πέτρῃσι προχυτῇσιν, ἀπέκρυψεν δὲ ῥέεθρα,
καὶ βωμὸν ποιήσατ' ἐν ἄλσεϊ δενδρήεντι
ἄγχι μάλα κρήνης καλλιρρόου· ἔνθα δ' ἄνακτι 385
πάντες ἐπίκλησιν Τελφουσίῳ εὐχετόωνται
οὕνεκα Τελφούσης ἱερῆς ᾔσχυνε ῥέεθρα.
Καὶ τότε δὴ κατὰ θυμὸν ἐφράζετο Φοῖβος Ἀπόλλων
οὕς τινας ἀνθρώπους ὀργιόνας εἰσαγάγοιτο
οἳ θεραπεύσονται Πυθοῖ ἔνι πετρηέσσῃ· 390
ταῦτ' ἄρα ὁρμαίνων ἐνόησ' ἐπὶ οἴνοπι πόντῳ
νῆα θοήν· ἐν δ' ἄνδρες ἔσαν πολέες τε καὶ ἐσθλοί,
Κρῆτες ἀπὸ Κνωσοῦ Μινωίου, οἵ ῥά τ' ἄνακτι
ἱερά τε ῥέζουσι καὶ ἀγγέλλουσι θέμιστας
Φοίβου Ἀπόλλωνος χρυσαόρου, ὅττι κεν εἴπῃ 395
χρείων ἐκ δάφνης γυάλων ὕπο Παρνησοῖο.
οἱ μὲν ἐπὶ πρῆξιν καὶ χρήματα νηὶ μελαίνῃ
ἐς Πύλον ἠμαθόεντα Πυλοιγενέας τ' ἀνθρώπους
ἔπλεον· αὐτὰρ ὁ τοῖσι συνήντετο Φοῖβος Ἀπόλλων·
ἐν πόντῳ δ' ἐπόρουσε δέμας δελφῖνι ἐοικὼς 400
νηὶ θοῇ, καὶ κεῖτο πέλωρ μέγα τε δεινόν τε·
τῶν δ' ὅς τις κατὰ θυμὸν ἐπιφράσσαιτο νοῆσαι

377 κεχολωμένοι L¹: -ον E   382 ᾖσεν Ε Τ   386 τελφούσιον
(ss. ω) Γ   389 ὀργίοτας Ε Τ (-οτ- corr. fort. ex -ων-): ὀργίονας
cet.   391 ἴσως λείπει στίχος εἷς Μ marg.   ταῦτ' ἄρ' ἅμ' Ludwich   392 ἡμαθόην codd. corr. Μ Τ man. rec. (νηϊαθόην, ν praefixo) Γ marg. ed. pr.   ἔνθ' Μ   393 κνώσσου p Ε Μ : κνωσσοῦ cet.
corr. Baumeister   394 ῥέζουσι Ε Τ : ῥέξ- cet.   ἀγγελέουσι p
γρ. V²   398 πυληγενέας codd. corr. Fick, cf. Β 54   402 οὕτις Μ, Γ
marg.   ἐπιφράσσαιτο p : ἐπιφράσσατο seu ἐπεφράσ(σ)ατο cet.

ΕΙΣ ΑΠΟΛΛΩΝΑ

πάντοσ' ἀνασσείασκε, τίνασσε δὲ νήϊα δοῦρα.
οἱ δ' ἀκέων ἐνὶ νηῒ καθῆατο δειμαίνοντες,
οὐδ' οἵ γ' ὅπλ' ἔλυον κοίλην ἀνὰ νῆα μέλαιναν, 405
οὐδ' ἔλυον λαῖφος νηὸς κυανοπρώροιο·
ἀλλ' ὡς τὰ πρώτιστα κατεστήσαντο βοεῦσιν
ὣς ἔπλεον· κραιπνὸς δὲ νότος κατόπισθεν ἔγειρε
νῆα θοήν· πρῶτον δὲ παρημείβοντο Μάλειαν,
πὰρ δὲ Λακωνίδα γαῖαν ἁλιστέφανον πτολίεθρον 410
ἷξον καὶ χῶρον τερψιμβρότου Ἠελίοιο
Ταίναρον, ἔνθα τε μῆλα βαθύτριχα βόσκεται αἰεὶ
Ἠελίοιο ἄνακτος, ἔχει δ' ἐπιτερπέα χῶρον.
οἱ μὲν ἄρ' ἔνθ' ἔθελον νῆα σχεῖν ἠδ' ἀποβάντες
φράσσασθαι μέγα θαῦμα καὶ ὀφθαλμοῖσιν ἰδέσθαι 415
εἰ μενέει νηὸς γλαφυρῆς δαπέδοισι πέλωρον,
ἦ εἰς οἶδμ' ἅλιον πολυΐχθυον ἀμφὶς ὀρούσει·
ἀλλ' οὐ πηδαλίοισιν ἐπείθετο νηῦς εὐεργής,
ἀλλὰ παρὲκ Πελοπόννησον πίειραν ἔχουσα
ἤϊ' ὁδόν, πνοιῇ δὲ ἄναξ ἑκάεργος Ἀπόλλων 420
ῥηϊδίως ἴθυν'· ἡ δὲ πρήσσουσα κέλευθον
Ἀρήνην ἵκανε καὶ Ἀργυφέην ἐρατεινὴν
καὶ Θρύον Ἀλφειοῖο πόρον καὶ ἐΰκτιτον Αἶπυ
καὶ Πύλον ἠμαθόεντα Πυλοιγενέας τ' ἀνθρώπους·
βῆ δὲ παρὰ Κρουνοὺς καὶ Χαλκίδα καὶ παρὰ Δύμην 425
ἠδὲ παρ' Ἤλιδα δῖαν ὅθι κρατέουσιν Ἐπειοί·

403 πάντοσ' *p* : πάντοθ' cet.   ἀνασσείασκε M T : ἀνασ(σ)είσασκε cet.   δουρός M   404 καθείατο codd.   406 ita M : οὐδὲ λύον cet.   407 πρώτιστα M : πρῶτα cet.: οἱ τὰ πρῶτα ed. pr.   408 ἔπειγε Ruhnken, sed cf. Herod. vii. 49 Ap. Rhod. i. 666, 1159, iii. 295 Anth. Pal. vi. 21. 12 Quintus Smyrnaeus ix. 271   410 Ἔλος τ' ἔφαλον pro ἁλιστέφανον Matthiae   416 om. *p*   417 ἀμφὶς] αὖθις Pierson   420 ἧϊ' M : ἧεν cet.   πνοιὴν M   423 εὔκτιτον M Γ marg.: ἐυκτίμενον, ἐυκτίσμενον cet., cf. B 592 Quint. Smyrn. xii. 91   αἶπυ M O T marg.: αἰπὺ L¹ T : αἰπύ cet.   424 πυληγενέας codd.: πολυγενέας ed. pr. cf. 398. idem fere iter narrat Stesich. fr. 44   425 ο 295 βὰν δὲ παρὰ κρουνοὺς καὶ χαλκίδα καλλιρέεθρον in codd. Odysseae omissum cit. Strabo 350, 447 (et hic quidem πετρήεσσαν e B 640 fort. petitum)
426 = ο 298

ΥΜΝΟΙ

εὖτε Φερὰς ἐπέβαλλεν ἀγαλλομένη Διὸς οὔρῳ
καί σφιν ὑπὲκ νεφέων Ἰθάκης τ' ὄρος αἰπὺ πέφαντο,
Δουλίχιόν τε Σάμη τε καὶ ὑλήεσσα Ζάκυνθος.
ἀλλ' ὅτε δὴ Πελοπόννησον παρενίσατο πᾶσαν, 430
καὶ δὴ ἐπὶ Κρίσης κατεφαίνετο κόλπος ἀπείρων
ὅς τε διὲκ Πελοπόννησον πίειραν ἐέργει,
ἦλθ' ἄνεμος ζέφυρος μέγας αἴθριος ἐκ Διὸς αἴσης
λάβρος ἐπαιγίζων ἐξ αἰθέρος, ὄφρα τάχιστα
νηῦς ἀνύσειε θέουσα θαλάσσης ἁλμυρὸν ὕδωρ. 435
ἄψορροι δὴ ἔπειτα πρὸς ἠῶ τ' ἠέλιόν τε
ἔπλεον, ἡγεμόνευε δ' ἄναξ Διὸς υἱὸς Ἀπόλλων·
ἷξον δ' ἐς Κρίσην εὐδείελον ἀμπελόεσσαν
ἐς λιμέν', ἡ δ' ἀμάθοισιν ἐχρίμψατο ποντοπόρος νηῦς.
ἔνθ' ἐκ νηὸς ὄρουσεν ἄναξ ἑκάεργος Ἀπόλλων 440
ἀστέρι εἰδόμενος μέσῳ ἤματι· τοῦ δ' ἀπὸ πολλαὶ
σπινθαρίδες πωτῶντο, σέλας δ' εἰς οὐρανὸν ἷκεν·
ἐς δ' ἄδυτον κατέδυσε διὰ τριπόδων ἐριτίμων.
ἔνθ' ἄρ' ὅ γε φλόγα δαῖε πιφαυσκόμενος τὰ ἃ κῆλα,
πᾶσαν δὲ Κρίσην κάτεχεν σέλας· αἱ δ' ὀλόλυξαν 445
Κρισαίων ἄλοχοι καλλίζωνοί τε θύγατρες
Φοίβου ὑπὸ ῥιπῆς· μέγα γὰρ δέος ἔμβαλ' ἑκάστῳ.
ἔνθεν δ' αὖτ' ἐπὶ νῆα νόημ' ὣς ἆλτο πέτεσθαι
ἀνέρι εἰδόμενος αἰζηῷ τε κρατερῷ τε
πρωθήβῃ, χαίτῃς εἰλυμένος εὐρέας ὤμους· 450

427 φέρας M : φερᾶς L.¹   ἡ δὲ φεράς ἐπέβαλλεν ἐπειγομένη Διὸς οὔρῳ ο 297 (ἀγαλλομένη) cit. Strabo 350): ubi φεαῖς (seu φεὰς) leg. Aristarchus, cf. et Rhian. ap. Steph. Byz. in Ἀρτεμίτα   428 πέφανται M : πέφαντο corr. ex πέφανται Mon. : πέφαντο cet.   429 = α 246 ι 24 π 123   430 παρενίσατο M : παρενίσσετο cet.   431 ἐπὶ M R¹ : ἐπεὶ cet.   κρίσης M : κρίσσης cet.   436 ἄψορρον M, cf. Ω 330 Hes. Theog. 659   438 κρίσσην praeter M codd., item 445   439 ἐς λιμένος δ' ἀμάθοισιν M : ἐλλιμέν' E   441 ἤματι μέσω (ss. β, α) E T   442 πώτοντο M   ἦκεν codd. corr. Barnes   443 κατέδυσσε x ed. pr.   ἴαχεν ἐξ ἀδύτοιο διὰ τριπόδων ἐριτίμων Ar. Eq. 1016   444 ἐν δ' codd. corr. Hermann   φλόγ' ἔδαιε praeter x M codd.   πιφασκόμενος ΓV¹ E L¹: ἐπιφ. Π   445 κρίσιν M : κρίσσην cet.   446 κρισ(σ)αγῶν vulg.: κρισσαίων V² Casaubon : -σ- Hermann   447 εἷλεν ἕκαστον x p   450 χαίτῃ Γ corr., ed. pr.

ΕΙΣ ΑΠΟΛΛΩΝΑ

καί σφεας φωνήσας ἔπεα πτερόεντα προσηύδα·
ὦ ξεῖνοι τίνες ἐστέ; πόθεν πλεῖθ᾽ ὑγρὰ κέλευθα;
ἦ τι κατὰ πρῆξιν, ἦ μαψιδίως ἀλάλησθε
οἷά τε ληϊστῆρες ὑπεὶρ ἅλα, τοί τ᾽ ἀλόωνται
ψυχὰς παρθέμενοι κακὸν ἀλλοδαποῖσι φέροντες; 455
τίφθ᾽ οὕτως ἧσθον τετιηότες, οὐδ᾽ ἐπὶ γαῖαν
ἔκβητ᾽, οὐδὲ καθ᾽ ὅπλα μελαίνης νηὸς ἔθεσθε;
αὕτη μέν γε δίκη πέλει ἀνδρῶν ἀλφηστάων
ὁππόταν ἐκ πόντοιο ποτὶ χθονὶ νηῒ μελαίνῃ
ἔλθωσιν καμάτῳ ἀδηκότες, αὐτίκα δέ σφεας 460
σίτοιο γλυκεροῖο περὶ φρένας ἵμερος αἱρεῖ.
Ὣς φάτο καί σφιν θάρσος ἐνὶ στήθεσσιν ἔθηκε.
τὸν καὶ ἀμειβόμενος Κρητῶν ἀγὸς ἀντίον ηὔδα·
ξεῖν᾽, ἐπεὶ οὐ μὲν γάρ τι καταθνητοῖσιν ἔοικας,
οὐ δέμας οὐδὲ φυήν, ἀλλ᾽ ἀθανάτοισι θεοῖσιν, 465
οὖλέ τε καὶ μέγα χαῖρε, θεοὶ δέ τοι ὄλβια δοῖεν.
καί μοι τοῦτ᾽ ἀγόρευσον ἐτήτυμον ὄφρ᾽ εὖ εἰδῶ·
τίς δῆμος; τίς γαῖα; τίνες βροτοὶ ἐγγεγάασιν;
ἄλλῃ γὰρ φρονέοντες ἐπεπλέομεν μέγα λαῖτμα
εἰς Πύλον ἐκ Κρήτης, ἔνθεν γένος εὐχόμεθ᾽ εἶναι· 470
νῦν δ᾽ ὧδε ξὺν νηῒ κατήλθομεν οὔ τι ἑκόντες
νόστου ἱέμενοι ἄλλην ὁδὸν ἄλλα κέλευθα·
ἀλλά τις ἀθανάτων δεῦρ᾽ ἤγαγεν οὐκ ἐθέλοντας.
Τοὺς δ᾽ ἀπαμειβόμενος προσέφη ἑκάεργος Ἀπόλλων·
ξεῖνοι, τοὶ Κνωσὸν πολυδένδρεον ἀμφινέμεσθε 475
τὸ πρίν, ἀτὰρ νῦν οὐκ ἔθ᾽ ὑπότροποι αὖθις ἔσεσθε
ἔς τε πόλιν ἐρατὴν καὶ δώματα καλὰ ἕκαστος
ἔς τε φίλας ἀλόχους, ἀλλ᾽ ἐνθάδε πίονα νηὸν
ἕξετ᾽ ἐμὸν πολλοῖσι τετιμένον ἀνθρώποισιν·
εἰμὶ δ᾽ ἐγὼ Διὸς υἱός, Ἀπόλλων δ᾽ εὔχομαι εἶναι, 480
ὑμέας δ᾽ ἤγαγον ἐνθάδ᾽ ὑπὲρ μέγα λαῖτμα θαλάσσης

452 πόθεν ἐστὲ codd., τίνες Γ ss., ed. pr., cf. Dem. 411, Merc. 453
459 ἐπὶ M 460 σφας p 466 γάρ τοι E T 468 ἐκγεγάασιν
libri, corr. Ilgen   475 κνωσσὸν libri   479 ἐμὸν λλοῖσι L¹ Π :
καλλοῖσι E T

ΥΜΝΟΙ

οὔ τι κακὰ φρονέων, ἀλλ' ἐνθάδε πίονα νηὸν
ἕξετ' ἐμὸν πᾶσιν μάλα τίμιον ἀνθρώποισι,
βουλάς τ' ἀθανάτων εἰδήσετε, τῶν ἰότητι
αἰεὶ τιμήσεσθε διαμπερὲς ἤματα πάντα.   485
ἀλλ' ἄγεθ' ὡς ἂν ἐγὼ εἴπω πείθεσθε τάχιστα·
ἱστία μὲν πρῶτον κάθετον λύσαντε βοείας,
νῆα δ' ἔπειτα θοὴν ἂν' ἐπ' ἠπείρου ἐρύσασθε,
ἐκ δὲ κτήμαθ' ἕλεσθε καὶ ἔντεα νηὸς ἐΐσης,
καὶ βωμὸν ποιήσατ' ἐπὶ ῥηγμῖνι θαλάσσης,   490
πῦρ ἐπικαίοντες ἐπί τ' ἄλφιτα λευκὰ θύοντες·
εὔχεσθαι δὴ ἔπειτα παριστάμενοι περὶ βωμόν.
ὡς μὲν ἐγὼ τὸ πρῶτον ἐν ἠεροειδέϊ πόντῳ
εἰδόμενος δελφῖνι θοῆς ἐπὶ νηὸς ὄρουσα,
ὣς ἐμοὶ εὔχεσθαι δελφινίῳ· αὐτὰρ ὁ βωμὸς   495
αὐτὸς δέλφειος καὶ ἐπόψιος ἔσσεται αἰεί.
δειπνῆσαί τ' ἄρ' ἔπειτα θοῇ παρὰ νηὶ μελαίνῃ,
καὶ σπεῖσαι μακάρεσσι θεοῖς οἳ Ὄλυμπον ἔχουσιν.
αὐτὰρ ἐπὴν σίτοιο μελίφρονος ἐξ ἔρον ἧσθε,
ἔρχεσθαί θ' ἅμ' ἐμοὶ καὶ ἰηπαιήον' ἀείδειν   500
εἰς ὅ κε χῶρον ἵκησθον ἵν' ἕξετε πίονα νηόν.
   Ὣς ἔφαθ'· οἱ δ' ἄρα τοῦ μάλα μὲν κλύον ἠδ' ἐπίθοντο.
ἱστία μὲν πρῶτον κάθεσαν, λῦσαν δὲ βοείας,
ἱστὸν δ' ἱστοδόκῃ πέλασαν προτόνοισιν ὑφέντες,
ἐκ δὲ καὶ αὐτοὶ βαῖνον ἐπὶ ῥηγμῖνι θαλάσσης,   505
ἐκ δ' ἁλὸς ἤπειρον δὲ θοὴν ἀνὰ νῆ' ἐρύσαντο
ὑψοῦ ἐπὶ ψαμάθοις, παρὰ δ' ἕρματα μακρὰ τάνυσσαν,
καὶ βωμὸν ποίησαν ἐπὶ ῥηγμῖνι θαλάσσης·
πῦρ δ' ἐπικαίοντες ἐπί τ' ἄλφιτα λευκὰ θύοντες
εὔχονθ' ὡς ἐκέλευε παριστάμενοι περὶ βωμόν.   510
δόρπον ἔπειθ' εἵλοντο θοῇ παρὰ νηὶ μελαίνῃ,

488 θοὴν ἐπὶ ἠπείρου codd. (ἐπ' ἠπ- MT) corr. Agar cl. 506   491 ἐπικαίοντές γ' MΓO   496 δελφίνιος M : δέλφιος ADOPQ   501 εἰς ὅτε M   505 βῆσαν M   507 περὶ δ' ἔργματα M   510 περὶ Π marg. Ernesti : παρὰ cet., cf. 492

ΕΙΣ ΑΠΟΛΛΩΝΑ

καὶ σπεῖσαν μακάρεσσι θεοῖς οἳ Ὄλυμπον ἔχουσιν.
αὐτὰρ ἐπεὶ πόσιος καὶ ἐδητύος ἐξ ἔρον ἔντο
βάν ῥ' ἴμεν· ἦρχε δ' ἄρα σφιν ἄναξ Διὸς υἱὸς Ἀπόλλων
φόρμιγγ' ἐν χείρεσσιν ἔχων ἐρατὸν κιθαρίζων 515
καλὰ καὶ ὕψι βιβάς· οἱ δὲ ῥήσσοντες ἕποντο
Κρῆτες πρὸς Πυθὼ καὶ ἰηπαιήον' ἄειδον,
οἷοί τε Κρητῶν παιήονες οἷσί τε Μοῦσα
ἐν στήθεσσιν ἔθηκε θεὰ μελίγηρυν ἀοιδήν.
ἄκμητοι δὲ λόφον προσέβαν ποσίν, αἶψα δ' ἵκοντο 520
Παρνησὸν καὶ χῶρον ἐπήρατον ἔνθ' ἄρ' ἔμελλεν
οἰκήσειν πολλοῖσι τετιμένος ἀνθρώποισι·
δεῖξε δ' ἄγων ἄδυτον ζάθεον καὶ πίονα νηόν.
τῶν δ' ὠρίνετο θυμὸς ἐνὶ στήθεσσι φίλοισι·
τὸν καὶ ἀνειρόμενος Κρητῶν ἀγὸς ἀντίον ηὔδα· 525
ὦ ἄν', ἐπεὶ δὴ τῆλε φίλων καὶ πατρίδος αἴης
ἤγαγες· οὕτω που τῷ σῷ φίλον ἔπλετο θυμῷ·
πῶς καὶ νῦν βιόμεσθα; τό σε φράζεσθαι ἄνωγμεν.
οὔτε τρυγηφόρος ἥδε γ' ἐπήρατος οὔτ' εὐλείμων,
ὥς τ' ἀπό τ' εὖ ζώειν καὶ ἅμ' ἀνθρώποισιν ὀπηδεῖν. 530
Τοὺς δ' ἐπιμειδήσας προσέφη Διὸς υἱὸς Ἀπόλλων·
νήπιοι ἄνθρωποι δυστλήμονες οἳ μελεδῶνας
βούλεσθ' ἀργαλέους τε πόνους καὶ στείνεα θυμῷ·
ῥηΐδιον ἔπος ὔμμ' ἐρέω καὶ ἐπὶ φρεσὶ θήσω.
δεξιτερῇ μάλ' ἕκαστος ἔχων ἐν χειρὶ μάχαιραν 535
σφάζειν αἰεὶ μῆλα· τὰ δ' ἄφθονα πάντα παρέσται,
ὅσσα ἐμοί κ' ἀγάγωσι περικλυτὰ φῦλ' ἀνθρώπων·
νηὸν δὲ προφύλαχθε, δέδεχθε δὲ φῦλ' ἀνθρώπων

515 ἐρατὸν M, Barnes: ἔχων ατὸν Ε Τ: ἔχω ατὸν L¹ Π: ἀγατὸν D ed. pr.: χρυσῆν p: χαρίεν Athen. 22 C (Ὅμηρος ἢ τῶν Ὁμηριδῶν τις ἐν τῷ εἰς Ἀπόλλωνα ὕμνῳ φησὶν [514 Ἀπόλλων—516 βιβάς]) 516 ῥήσσοντες M Γ: φρίσσοντες cet. 522 τετιμημένος M At Γ 523 ἄδυτον ζάθεον y γρ. V²: αὐτοῦ δάπεδον cet. 525 τῶν x ed. pr.: τὸν cet. (cum V²) 530 τ' εὖ] τίνας uv. T ss. 532 μελεδώνας L¹ Π 534 ῥηϊδίως M 536 μᾶλα p (μᾶλα Β Γ) 537 ὅσσα] αἰὲν M ὅσσ' ἅμ' ἐμοί κ' Ludwich 538 om. p M (ex homoeotel.) νηὸν δὲ Ilgen: τε codd.

ΥΜΝΟΙ

ἐνθάδ' ἀγειρομένων καὶ ἐμὴν ἰθύν τε μάλιστα

ἠέ τι τηΰσιον ἔπος ἔσσεται ἠέ τι ἔργον, 540
ὕβρις θ', ἣ θέμις ἐστὶ καταθνητῶν ἀνθρώπων,
ἄλλοι ἔπειθ' ὑμῖν σημάντορες ἄνδρες ἔσονται,
τῶν ὑπ' ἀναγκαίῃ δεδμήσεσθ' ἤματα πάντα.
εἴρηταί τοι πάντα, σὺ δὲ φρεσὶ σῇσι φύλαξαι.
Καὶ σὺ μὲν οὕτω χαῖρε Διὸς καὶ Λητοῦς υἱέ· 545
αὐτὰρ ἐγὼ καὶ σεῖο καὶ ἄλλης μνήσομ' ἀοιδῆς.

Commentary

Abbreviations:
AHS *The Homeric Hymns*, ed. by T. W. Allen, W. R. Halliday, and E. E. Sikes (Oxford 1936)
S   *Greek Grammar* H. W. Smyth, rev. by G. M. Messing (Cambridge, Mass. 1956)
GP   *Greek Particles*, J. D. Denniston (Oxford 1954; second edition)
<   "is from"

The text is that of T. W. Allen (Oxford 1912). Of the two editors, P.M.S. is responsible for the commentary through 205, L.T.P. for the rest.

1 Μνήσομαι (<μιμνήσκω, "recall"): here probably "short-vowel" aor. subj. (like λάθωμαι <λανθάνω), not fut.; the subj. is used here, as very often in epic, as a simple reference to the fut. (S 667D, 1810). Both verbs take a gen. obj.
   ἑκάτοιο ("far-shooter"): lengthens the preceding syllable, since it once began with the consonant digamma, ϝ; it has the common epic gen. ending for 2nd decl. forms.

2 τε: here as often in epic does not mean "and" but simply shows that a relative clause describes a constant characteristic.
   κατά: "in" or "through."
   τρομέουσιν: uncontracted (vs. Attic τρομοῦσιν), as normally in epic.

3 ἐπί: adverbial with ἐρχομέμοιο ("tmesis," S 1650); "as he approaches near." Note the single word gen. abs.

4 ἀφ': <ἀπ' <ἀπό, final o elided (as normally) and π aspirated by the following rough breathing.
   ἑδράων: shows the older and still uncontracted ending of the gen. pl. of the 1st decl.
   τόξα: can mean "bows," "a bow" (so here), "arrows," or "bow, arrows, and quiver."

5 οἴη: "alone" (note breathing).
   μίμνε: unaugmented impf. (the augment is very often omitted in epic). Note the shift to narrative ("used to remain")

1

even though the scene began as a timeless one and returns to pres. tenses in 12.

παραί: like πάρ a metrically useful alternative for παρά.

6 βιόν: "bow," not "life" (βίον).
ἐκλήϊσε: <κλείω, "close"; scanned – – – ⌣.

7 οἱ: here scanned ⌣ (epic correption); dat. sing. of the 3rd p. pron. See S 325D1. Used here to indicate the "person affected" (S 1481). Translate "his shoulders."
Note the absence, normal in epic, of the definite article with ὤμων, χείρεσσιν (epic dat. for χερσί), τόξον, "his shoulders," "her hands," "the/his bow."
ἐλοῦσα: <αἱρέω.

8 πατρὸς ἑοῖο: "of his father('s house)." ἑοῖο <ἑός, "his," cognate with Latin *suus* (S 330D).

9 The gods' possessions are characteristically of gold.
τόν: "this one," i.e., "him"; what was to become the definite article is in earlier Greek still a dem. pron. (S 1099ff.).
εἷσεν: <ἵζω, "seat," "bid someone to sit."

10 ἄρα: often, as here, implies natural or expectable sequence: "so then"
δέπαϊ: without a prep., as often in poetry, "in a cup." The two dots over the iota are to show that the word has here 3 syllables, not 2.
χρυσείῳ: <χρύσειος, with χρυσέου (<χρύσεος) in 9, shows the epic tolerance for alternate forms.

11 δεικνύμενος: "pointing out" and, in connection with passing of a cup, probably "toasting."
φίλον: denotes closeness and familiarity (of family members, tools, parts of one's body) and so often serves as, in effect, a possessive adj.; "his own."

12 ἔνθα: here "there" rather than "then."
δέ τε: a combination of particles peculiar to epic, used when adding a further consequence of some event, but translate simply "and."

13 ἔτικτεν: One expects an aor. here (as in 25 below); uses of the impf. like this are fairly common but not yet understood by scholars.

14 χαῖρε: imperative, as the voc. phrase shows, not an unaugmented impf.
τέκες: 2nd aor. <τίκτω.

15 The first syllable of Apollo's name is short by nature (as in 1 above and 52, 56 below) but is here arbitrarily lengthened so

that the name may stand as first word in the verse.
ἰοχέαιραν: <ἰός ("arrow") + χέω ("pour out") = "shedder of arrows."

16 τὴν μὲν ... τὸν δέ: "her on the one hand ... him on the other."
Ὀρτυγίῃ: "Quail Island," i.e., Rheneia (mentioned in 44 below) next to Delos.
κραναῇ: "rugged, rocky"; its scansion (˘ ˘ -) shows that "epic correption" does not always occur where it might.

17 κεκλιμένη: <κλίνω, "lean"; here "bracing herself" to give birth.
Kynthos is the high hill which forms the peak of Delos; ὄρος and ὄχθον refer to the same thing (cf. 26 below).

18 φοίνικος: <φοῖνιξ; gen. with the adv. ἀγχοτάτω, "very near a date palm."
ὑπό: + dat. here (unusually), "by" ("by the streams of Inopos").
Odysseus describes having seen an unusually straight, tall date palm growing by Apollo's altar on Delos (Od. 6.162); perhaps it was planted in memory of this one—or was supposed in fact to be this one. The tree was still being shown to visitors in the 1st cent. A.D. (cf. Pliny NH 16.89).

19- The poet implies he has a rich choice of possible themes, a
24 device frequent in hymns. His choice is made in 25ff.

19 τάρ (<τε ἄρα): enclitic, accented here because of σ(ε) following; it appears fairly often in questions, as here.
ὑμνήσω: perhaps aor. subj. (a "deliberative subj."), not fut.: "How then am I to praise?" (S 1805).

20 τοι: here the 2nd p. pron. (="for you"), not the particle (="to be sure").
νομός ... ᾠδῆς: "the range of (your) song"; a striking phrase, likening potential singers to sheep in boundless pasture (cf. Il. 20.249).
βεβλήαται: <βάλλω; Ionic 3rd pl. pf. (=Attic βεβλημένοι εἰσί), oddly used here with a sing. subject; "is laid out."

21 ἠμὲν ... ἠδ(έ): "both ... and."
πορτιτρόφον: "calf-rearing."

22 ἄδον: aor. of ἀνδάνω, "please, find acceptance with" someone; it governs τοι.

23 ἅλα δέ: better written ἅλαδε, "to the sea." δε here is not the connective but a suffix added to the acc. and denoting "direction toward."

24 κεκλιμέναι: here "sloping downward"; cf. on 17.
25 ἦ: introduces a question and is not translated (ὑμνήσω must be supplied from 19).
ὡς: introduces indirect statement.
πρῶτον: adverbial, "in the beginning."
χάρμα: "predicate noun"; "(to be) a delight" (S 1579).
βροτοῖσι: shows the regular epic and Ionic dat. pl. ending for the 2nd decl.
28 ἐξήει: <ἔξειμι, impf; "came from (the open sea)."
δέ: See on 23.
λιγυπνοίοις: occurs only here; "shrill-blowing," i.e., "whistling."
ἀνέμοισιν: dat. of accompanying circumstance (S 1527), but very close to the instrumental dat. as well.
29 ἀνάσσεις: like other verbs of commanding, takes either gen. (for "rule over") or dat. (for "rule among").
30 The catalogue begins as a list of places whose people Apollo "rules" ("as many people as Krete holds within"), but, when it ends (45), it will be used retroactively as a list of the places Leto visited before she bore her children on Delos. (Allen's full stop at end of 29 is an unnecessary attempt to avoid this double use of the catalogue.)
δῆμος: here "country," not the people who live there.
32 The locations of Aigai and Eiresiai are uncertain; both names may refer to small islands in the W and NW Aegean.
ἀγχιάλη: "near the sea, sea-girt."
33 Ἀθόως: an epic form of Ἄθως, Mt. Athos.
34 "Thracian Samos"=Samothrace. Σάμος scanned ˘ – with arbitrary lengthening (not uncommon before the caesura).
35 Αὐτοκάνης: a mainland port S of Lesbos.
36 εὐκτιμένη: "well-organized," commonly said of things built by men but occasionally also of well-managed countryside.
The two short syllables of a fourth-foot dactyl are rarely divided between words—probably in order to avoid suggesting the (anti-dactylic) rhythm ˘ – ˘ ˘ – – at the end of the verse.
ἀμιχθαλόεσσα: "inhospitable" (?).
37 Μάκαρος: <Μάκαρ, here a proper name; Αἰολίωνος, "son of Aiolos," modifies it.
ἕδος: in apposition to Lesbos.
38 The poet is himself a Chian (172 below).

39 Mimas is the mainland mountain facing Chios; Korykos a high cape S of Mimas.
40 The location of Mt. Aisagee is uncertain.
42 πόλις may be used of an entire island; it is a political term.
Μερόπων: normally "mortal," but here a proper name for the people of Kos.
45 τόσσον: "so much" (territory).
ἐπ(ι): its accent recedes, like other two-syllable preps., when it follows its obj.
Ἑκηβόλον: here an internal obj. in the grammatical as well as in the physical sense: "in labor with the Far-shooter."
46 εἰ: "(to see) if" (S 2354).
οἱ: "for her"; with υἱεῖ: "for her son." See on 7.
γαιέων: Ionic gen. pl. 1st decl.; partitive gen. with τις, "any of the lands."
47 "But they . . . " As regularly, a form of ὁ ἡ τό + δέ indicates a change of grammatical subject from that of the preceding sentence.
ἐτρόμεον: See on 2.
ἐδείδισαν: plpf. <δείδω, "fear." Their fear was of Hera's jealousy.
48 καὶ . . . περ: "although."
πιοτέρη: "rather rich, quite fertile"; the contrast implied by a "comparative" form need not be with a person or thing but can be with the "positive degree" of an adj. or adv. ("more rich than just 'rich' ").
49 πρίν . . . ὅτε: "until (the moment) when."
ἐβήσετο: <βαίνω, a sigmatic aor. with thematic vowel rather than α (S 542D).
50 μιν: acc. for all genders of the 3rd sing. pron., here for Attic αὐτήν.
ἀνειρομένη: <ἀνέρομαι, "ask."
προσηύδα: 3rd sing. impf. (-α <-αε) of προσαυδάω, "address."
51 Δῆλ(ε): voc. without the normal ὦ.
εἰ γάρ: "if only," to begin a wish; the opt. (as in Attic) here with κε (which is abnormal, but occurs also at *Il.* 6.281).
ἔμμεναι=Attic εἶναι.
υἷος: a 3rd decl. gen., =υἱοῦ <υἱός. Cf. 206 below.
52 ἔνι: "on (yourself)."
νηόν: "shrine," not "ship" (νῆα).

53 σεῖο ... ἅψεται: lit. "will reach to you, touch you," but here implying "will have anything to do with you." ἅπτομαι, like other "touching" verbs, takes a (partitive) gen.
οὐδὲ σε λήσει: <λανθάνω; "nor will it escape your notice," a common threat (AHS).
54 εὔβων: contracted from εὔβοον, "rich in cattle."
ὀίομαι: scanned ᴗ - - ᴗ (for diaeresis, see on 10).
55 οὐδέ: "nor"; scanned here - ᴗ because "mute + liquid" consonant pairs sometimes do not lengthen a preceding syllable (mutes=τ, δ, θ, π, β, φ, κ, γ, χ; liquids=λ, ρ, μ, ν.)
τρύγην: "ripe fruit, grain."
οἴσεις: <φέρω, here "bear."
οὔτ(ε): most common in pairs ("neither ... nor"), but here used like οὐδέ, "nor."
56 αἰ δέ κ(ε)=Attic ἐὰν δέ, introducing a Future More Vivid condition.
ἔχησθα: 2nd sing. pres. subj. act. of ἔχω. Translate: "if you possess (in the future)."
57 τοι: here and in 58 is the pron. not the particle.
ἀγινήσουσ(ι): "will lead."
58 ἐνθάδ(ε): "hither," because motion is implied by ἀγειρόμενοι, "gathering (themselves)."
59 Very corrupt in the mss., if Cobet's & Stoll's emendations are right (see the app. crit.).
δημοῦ: "fat" (<δημός, not δῆμος), a gen. of source without a prep., as often in poetry.
οἵ κέ σ' ἔχωσι: "whoever possess you."
60 "You will support them from a foreign hand," i.e., "you will feed your inhabitants not with crops from your soil but by receiving the offerings—and the tourist expenses—of those who come to Apollo's shrine."
πῖαρ: "richness," i.e., "rich soil"; it is n. nom.
οὖδας: "surface, ground, earth"; n. acc. with ὑπ(ό), even though simple location rather than "motion to and under" is being described.
61 χαῖρε: unaugmented impf.
δὲ προσηύδα: For scansion, see on 55.
62 Λητοῖ: voc.
Koios was one of the Titans, children of Ouranos and Gaia (see Hesiod, *Theogony* 126ff.).
63 ἀσπασίη: an adj. where English would use an adv. ("gladly")

κεν=ἄν, with potential opt.
γε: draws mildly increased attention to the word it follows (often, as here, a personal pron.), "*I* would welcome."
ἑκάτοιο: "far-shooter"; not elided because ἄναξ is treated as beginning with a consonant, as it once did (ϝάναξ).
64 αἰνῶς: "terribly," probably with ἐτήτυμον (a n. acc. sing. used adverbially) rather than with δυσηχής ("hateful").
65 ὧδε: "thus"; i.e., by accepting your request.
66 τόδε ... ἔπος: obj. of the verb.
Λητοῖ: -οῖ does not suffer correption before ἔπος (<ϝέπος).
κεύσω: <κεύθω, "hide x from y," takes two accusatives (supply "it").
67 λίην ... τινά: predicative with ἀτάσθαλον, "an extremely reckless sort of person."
Apollo's name is scanned as in 15 above.
68 μέγα: adverbial, "greatly."
πρυτανευσέμεν: fut. inf., with -έμεν for -ειν; "will rule."
ἀθανάτοισι: α-privative, normally short (cf. 72 below), but arbitrarily lengthened so that the word can be used at all in epic poetry.
69 ἐπὶ ζ. ἄ.: lit. "on the spelt-producing ploughland," i.e., "on the (surface of the) earth." Spelt is a kind of grain, related to wheat, and was formerly much grown in southern Europe.
70 τῷ: "for this reason, therefore." ὁ ἡ τό is dem. in epic.
δείδοικα: the normal epic pf. (=Attic δέδοικα).
71 τό: often added to adverbs without changing construction or meaning. The core of the fear-clause is in 73.
ἴδῃ: aor. subj. of ὁράω.
φάος: n. acc.
ἠελίοιο=Attic ἡλίου.
72 ἦ: intensifying, "certainly."
κραναήπεδος: "with rough, rocky ground," found only here.
73 ποσσί: Attic ποσί, "with (his) feet."
ὤσῃ: aor. subj. of ὠθέω, "push, thrust."
74 κρατός: gen. of κάρα, "head."
75 ᾗ κεν ἅδῃ=Attic ᾗτις ἂν ἅδῃ, "which(ever) may please"; with οἱ (see on 7 and 22 above).
76 τεύξασθαι: limits ἅδῃ and in effect expresses purpose, "for building" (S 2008).
νηόν: See on 52.
77 πουλύποδες ... φῶκαι: "octopuses ... seals." Note Ionic πουλυ- for Attic πολυ- (cf. μούνη for μόνη in 97 below).

78 ἀκηδέα χ. λ.: "carefree for lack of people" (sc. to hunt them).
79 ὀμόσσαι: aor. inf. <ὄμνυμι, "swear."
80 μιν: Apollo; subject of the inf.
82 The sentence ends without an apodosis for the condition, and there is a break in sense after 81; modern editors assume a verse (or more) is missing in our mss. (i.e., there is a "lacuna"). In his app. crit., Allen gives a sample verse to fill the lacuna.
τευξάσθω: (in Allen's verse) 3rd. sing. aor. mid. imperative. of τεύχω, "make, fashion."
84 ἴστω: 3rd sing. imperative of οἶδα (with pres. meaning).
85 κατειβόμενον: "flowing down."
τε: See on 2.
87 ἦ μήν: frequent in beginning of solemn statements, esp. oaths; "you may be sure."
ἔσσεται=Attic ἔσται.
88 τίσει: "he will honor," here <τίω, not τίνω.
ἔξοχα πάντων: "above all."
89 ὄμοσέν τε τελεύτησεν: "swore and completed," i.e., "completed swearing"; epic parataxis again, as in 17 above. For ὄμοσεν vs. ὄμοσσεν in 83, see on 10.
90 γόνῳ: here, "birth." The -ῳ is not shortened by "epic correption" because ἑκατός <Ϝέκατος.
91 ἐννῆμαρ: "for a nine-day period, for nine days."
92 πέπαρτο: 3rd. sing. plpf. pass. of πείρω, "pierce."
ἔσαν=Attic ἦσαν (S 768D).
93 Dione is mother of Aphrodite in Homer (but not Hesiod); Rhea is mother of Zeus; Themis is mother of Justice and Peace (by Zeus); and Amphitrite is wife of Poseidon.
A spondaic verse. The first τε is long "by position," since initial ρ always stands for an original *group* of consonants. Scan Διώνη − − −.
94 Another spondaic verse (probably not for rhythmic effect but, like 31, 62, and 93 and 97, forced by the proper name).
Ἰχναίη: "the Tracker"; or the adj. may derive from a place-name Ichnai, known in both Macedonia and Thrace.
ἀγάστονος: Amphitrite is "very roaring/groaning" as a goddess of the sea; in *Od.* her name is 4 times used as a virtual personification of the sea itself.
95 ἀθάναται: scanned as in 68 above.

Hymn to Apollo

96 ἧστο: 3rd sing. plpf. mid. of ἕζομαι, "sit."
-αο was the original gen. sing. ending for 1st decl. masc.; it was retained in Aeolic, but Ionic has -εω, Attic -ου.

97 ἐπέπυστο: 3rd sing. plpf. mid. of πυνθάνομαι; translate "had learned (of it)."
μογοστόκος: "helping in difficult childbirth." Eileithyia is a goddess of childbirth.

98 The dat. without prep. to indicate place, as often in poetry (see on 10 above): "on the peak of Olympos."

99 Ἥρης φ. λ.: "through the cunning of white-armed Hera"; the pl. is poetic, the dat. is causal (-ης for the commoner epic -ῃσι as dat. pl. of the 1st decl., = Attic -αις.)

100 ὅ: n. acc. sing. of the rel. pron.; used adverbially: "with respect to the fact that," i.e., "because."

102 αἱ δ': "but they," the goddesses of 92–95.
προὔ- <προέ.

103 ἀξέμεν: fut. inf. of ἄγω, expressing purpose.

104 ἐερμένον: pf. pass. part. of εἴρω, "string"; the necklace is "strung on golden threads." The mss. have ἐεργμένον, "fashioned," but the parallels adduced by AHS show that Barnes' emendation must be right.

105 νόσφιν: governs Ἥρης.
ἤνωγον: impf. of ἀνώγω, "urge."
καλέειν: Iris is subject; Eileithyia obj.

106 ἰοῦσαν: "as she was going."

108 θέειν: "to run," somewhat redundant after βῆ, but the inf. limits and helps specify the meaning of the finite verb.
πᾶν τὸ μεσηγύ: "the whole (distance) between."
This verse is composed only of dactyls, probably reflecting the speed of Iris' movement.

109 ἵκανε: scanned – – ⌣, the 1st syllable having "quantitative augment."
ἕδος: "to the seat"; without the prep., as often in poetry.
Ὄλυμπον: in apposition with ἕδος (contrast 37).

110 ἄρ(α): See on 10.
ἀπό: scanned ⌣ – arbitrarily.
θύραζε = θύρας + δε (see on 23), "to the entrance."

112 Ὀλύμπια δώματα ἔχοντες = the goddesses who sent her. The phrase is used elsewhere in epic for "the gods."

113 τῇ (= Εἰλειθυίῃ): dat. of the "person affected"; it in effect expresses possession and is frequent in epic where a later

prose writer would use the gen. (S 1481; for epic examples cf. *Il.* 22.79, 3.270).
φίλοισι: See on 11 above.

114 βάν=ἔβαν=Attic ἔβησαν, 3rd. pl. aor. of βαίνω.
ποσί: dat. of means.
τρήρωσι πελειάσιν: "shy doves." At *Il.* 5.778, the same phrase is used of Hera and Athena advancing to battle!
ἴθμαθ'=ἴθματα (see on 4); acc. of respect, "in gait."
I. and E. *run* through the air (cf. 108); they do not soar on wings (Greek gods are not equipped with large bird-wings—as opposed to symbolic ankle-wings—until the Nikes of the Classical period).

116 τήν=Leto, whom we left in 91-92 and who has been in labor for 9 days and nights (9 the favorite number in epic for counting the time something lasts before reaching crisis).
τότε δή: "then indeed," i.e., "just then."
εἷλε: <αἱρέω.

117 φοίνικι: scanned - - - with final syllable arbitrarily long.
πήχεε: nom./acc. dual of πῆχυς, -εως, "forearm."
γοῦνα: acc. pl. of γουνός, an epic alternative for γόνυ, "knee."

118 λειμῶνι: scanned - - -.
Leto's position for childbirth is common in many parts of the world and appears to have been normal in classical Greece. Sky, earth, and sea smile at the growth of flowers in the Hymn to Demeter (14); the earth of Kypros greets Aphrodite's first steps on land with a miraculous carpet of grass at *Theog.* 194f.

119 ἐκ... ἔθορε: aor. of ἐκθρώσκω, "leap out, spring forth."
πρό: adverbial, "before (them)."
φόως δέ=φόωσδε (see on 23 above); φόως=φάος, "light."
ὀλόλυξαν: <ὀλολύζω, "cry out," onomatopoetic; always of women and normally in a religious context.

120 ἤιε: voc. of ἤιος, an epithet of Apollo of uncertain origin and meaning.
λόον: 3rd pl. impf. of λόω, an older form of λούω, "bathe."

121 σπάρξαν: aor. of σπάργω, "wrap in swaddling clothes."
φάρεϊ:<φάρος, "cloak."

122 νηγατέῳ: of uncertain origin and meaning; applied to Agamemnon's tunic at *Il.* 2.43, to Hera's veil at *Il.* 14.185.
περὶ... ἧκαν (aor. of ἵημι): "they put a golden cord round" (in lieu of safety-pins).

123 χρυσάορα: <χρυσάωρ, "with golden sword" (ἄορ).
θήσατο: <θάομαι, "nurse"; used elsewhere of infants nursing, only here of the mother.
124 Nectar is the food, ambrosia the drink of the gods. Their consumption is consistently treated in Greek myth as maintaining the gods' immortality.
125 ἐπήρξατο: <ἐπάρχομαι, "offer (wine) for a libation" (not for consumption); used here probably for its ritual connotation.
126 οὕνεκα: "because"; <οὗ ἕνεκα, "by reason of the fact that."
127 κατέβρως: 2nd sing. aor. of καταβιβρώσκω, "gulp down."
εἶδαρ: "food."
128 γ(ε): See on 63.
ἀσπαίροντα: "as you struggled" to be free.
129 λύοντο: pl. in spite of the n. subject.
131 A programmatic announcement, including A.'s two most important spheres of influence, music and prophecy, and his most characteristic attribute, the bow.
132 χρήσω: <χράω, "give an oracle."
133 ἐβίβασκεν: <βιβάω, "stride," showing the (epic) iterative suffix -σκ- between stem and (here impf.) personal ending.
ἀπὸ χ. εὐ.: "on the earth with its broad paths," an odd use of the prep.
136– Allen prints next to these verses the appropriate ancient
139 critical signs to indicate that in his view 136–138 are *one* way to complete the sentence begun in 134f. and 139 is another, different way. 136–138 appear in the text of the Hymn in only one ms.; they are added in the margins of 3 others. Probably 136–138 and 139 are indeed variants, only one of which would be recited in a performance of the Hymn; such "doublets" certainly exist elsewhere in the Hymns (cf. on 148 below).
136 βεβρίθει: (unaugmented) 3rd sing. plpf. indic. of βρίθω, "be weighed down." The gold which weighs down the land is the golden vegetation of 139.
137f "In joy because the god had chosen her to make his dwelling (on), out of (all) islands and the mainland, and held her more dear in his heart."
μιν: her (Delos). One of the few things one can safely say about word-order in Greek is that enclitic pronouns like to fit themselves into 2nd or 3rd position in subordinate clauses;

for that reason one should *not* assign emphasis to the pron. here because of its early position.

οἰκία: of course, here implies a temple; cf. 52, 76, 80.

138 νήσων ἠπείρου τε: probably partitive genitives, not comparative (as taken by AHS).

κηρόθι: <κῆρ, -ος, τό: "heart"; to the stem κηρ(ο) is added an old suffix -θι denoting "place where."

139 Supply ἀνθεῖ as verb of the subordinate clause.

τε: generic as in 2.

ῥίον: "peak."

οὔρεος is a metrically useful variant for ὄρεος, gen. of ὄρος, "mountain."

ἄνθεσιν ὕλης: a difficult phrase, since ὕλη should mean "woods," and mountains in epic are forested, not carpeted with wildflowers (a mountain can be "blooming with forest," ἀνθέον ὕλῃ, Hymn to Bacchus 8, cf. Alkman fr. 90). Still, the poet may indeed have in mind the miraculous flowering of a bare mountainside in the Greek spring.

141 ἐβήσαο: 2nd sing. aor. mid. (=Attic ἔβης), a sigmatic aor. of βαίνω.

142 ἄν=ἀνά, "among."

ἀνέρας=Attic ἄνδρας.

143 τοι: here the pron., a dat. of possession: "many are your temples."

Note the lack of any connective particle ("asyndeton"), perhaps because the new sentence explains 140–142 but perhaps to give the effect of a fresh beginning of praise (S 2165).

144 This and the following verse nearly =22–23 above.

τε ... καί: "both ... and."

φίλαι: predicative, "all peaks are dear (to you)."

145 ἄλα δέ: See on 23.

146–178 The most famous passage in the Hymn: the poet speaks of the annual festival on Delos frequented by crowds of Ionians from the islands and the Asian coast, the very festival at which the present Hymn seems to have been sung (probably as prelude to, or as part of, a competition among epic singers).

146 Δήλῳ: governed by ἐπιτέρπεαι (=-ῃ), "You delight your heart with Delos most of all."

147 ἔνθα: "where."

τοι: here the particle, "in truth," i.e., "as everyone knows."

Ἰάονες: (with long α) =Attic and Ionic Ἴωνες.

Hymn to Apollo

148 αὐτοῖς σὺν π.: "together with their children" (S 1525).
Note in the app. crit. the very different version of this verse which Thucydides gives when he quotes the passage.

149– "And they please you when they hold their contest, remem-
150 bering you with boxing, dancing, and song." The datives probably go with both participle and main verb.

150 μνησάμενοι: <μιμνήσκω, "recall, remember."

151 Understand "they" as subject of the inf.
ἀγήρως: acc. pl., "ageless."

152 ἐπαντιάσει(ε): 3rd sing. aor. opt. of ἐπαντιάζω, "meet, fall in with."

155 νῆας=Attic ναῦς.
The presence of κτήματα πολλά implies that the festival included a fair as well.

156 πρός: adverbial, "in addition." Understand ἐστί.
τόδε: scanned ˘ – arbitrarily (such lengthening normally is limited to the 1st syllable of a foot; see also 110, 157).
ὅου=οὗ, "of which"; a lengthened form created for the sake of the meter.
ὀλεῖται: <ὄλλυμι, a fut. mid. but with pass. sense: "will perish."

159 Λητώ: acc.

160 τε... ἠδέ=τε... καί.

162 φωνάς: here probably different regional Greek dialects or accents, quite possibly variations within Ionic itself.
κρεμβαλιαστύν: "rattling of castanets."

163 μιμεῖσθ(αι) ἴσασιν: "they know how to mimic."
Note here and in 164 that in epic elision affects not only the short vowels but sometimes -αι (and -οι) as well.

164 οὕτω: with καλή, the predicate.
σφιν: dat. pl. of the 3rd p. pron., expressing the agent with the pf. tense.
συνάρηρεν: <συναραρίσκω; an intrans. pf. with, in effect, a pass. meaning: "is put together."

165 ἄγεθ'=ἄγετε, imperative used as an interjection, "come."
Here followed by a wish (ἱλήκοι <ἱλήκω, "be gracious.")

167 μνήσασθ(ε): aor. mid. imperative.

168 ἐνθάδ(ε) ἀνείρηται... ἐλθών: "should come here and ask."

169 ὔμμιν=Attic ὑμῖν; "in your eyes."
ἥδιστος: predicative, "who comes most pleasant?" i.e., "who of those who come is most pleasant?"

170 τέῳ: interrogative (=Attic τίνι) governed by τέρπεσθε and pronounced as one syllable by synizesis (S 60). The question is a natural one, for singers competed with one another for prizes at the festival.
171 ὑποκρίνασθ(ε): aor. imperative of ὑποκρίνομαι, "answer." ἡμέων: disyllabic by synizesis.
172 ἔνι=ἐνί, epic variant of ἐν, with accent shifted because it follows its obj.
173 τοῦ: "whose"; in epic ὁ ἡ τό may be used as rel. pron., normally when the antecedent is definite.
μετόπισθεν ἀριστεύουσιν: i.e., "are now and will in the future remain the best." This famous description of himself by the poet is the source of the later tradition that Homer was blind (like the Phaiakian singer Demodokos in the *Od.*) and is *one* of the sources for the claim that he was a Chian. In antiquity, the general listening public thought the "Homeric Hymns" by Homer, but Homeric scholars did not; the present Hymn is said by a scholiast on Pindar (*Nemean* 2.2) to have been composed by Kynaithos of Chios.
174 ὅσσον: acc. of extent.
175 στρεφόμεσθα πόλεις: "we travel about among cities" (-μεσθα for -μεθα).
ναιεταώσας: "peopled, inhabited"; note -αώσας for -αούσας.
176 ἐπὶ ... πείσονται: <ἐπιπείθω, tmesis (as in 3).
178 ὑμνέων: disyllabic by synizesis.
179 ἄνα: voc. of ἄναξ, "lord."
Lykia and Maionia are districts in western Asia Minor.
180 ἔναλον: "on the sea," of Miletos, the most populous and important Ionian city on the Asian coast.
181 αὐτός: here may mean "on your own accord," implying that Apollo prefers Delos (S 1209c); AHS take it as unemphatic, "and you," but that is unlikely for the nom.
μέγ(α): See on 68.
182 εἶσι: <εἶμι "go"; the pres. tenses from here to the end of the Delian portion of the Hymn portray a timelessly repeated action (there being no "historical pres." in Greek epic—or even later Archaic—poetry).
183 Πυθώ: here acc., "Pytho," the epic (and later poetic) name for Delphi.
184 τεθυωμένα: "fragrant," or even, "perfumed," a pf. pass. part. of θυόω.
τοῖο: dem. pron.

Hymn to Apollo 15

185 χρυσέου: ‿ ‿ by synizesis and "epic correption" together.
ὑπό + gen.: used more freely in epic than in later prose to indicate the agency, force, or impulse guiding an event.
186 ὥς τε νόημα: "(swift) as a thought." For this use of ὡς, "as," see the lexicon under ὥστε A I.
187 ὁμήγυριν: "gathering."
188 μέλει: It is not unusual for a group of subjects to have a sing., not pl., verb if each of the subjects is itself sing. (cf. 165).
189 μέν: answered by αὐτάρ, "but," in 194: first we hear of the Muses' singing, then of the dancing of the Graces and Seasons.
ἀμειβόμεναι ὀ. (<ὄψ, "voice") κ.: said of the Muses also at *Il.* 1.604, *Od.* 24.60; probably "answering each other with beautiful voices," implying antiphonal singing.
190 δῶρ' ἄμβροτα: taken by AHS and others as referring to the gods *immortality* — probably rightly, but this seems an odd way of saying it.
191 τλημοσύνας: not "endurances" but "examples of endurance" (as often with the plurals of abstract nouns).
ὅσ(α): "as many things as"; the "things" are the sufferings which men endure, implicit in τλημοσύνας.
193 εὑρέμεναι: aor. inf. of εὑρίσκω, with -μεναι for -ειν.
θανάτοιο and γήραος: both "objective" genitives: "a cure of (i.e., against) death, a defense of (i.e., against) age."
τ(ε) ... καί: where we would say "either ... or."
194 "The very ancient statue at Delos, the dedication of which was attributed to the Meropes of Cos, represented the god with a bow in his right hand, and in his left the three Charites, each with a different musical instrument; Plutarch, *Moralia* 1136 A" (AHS).
The Charites and the Horai were worshipped with dance and song, and are singers and dancers themselves.
195 Ἀφροδίτη: scanned ‿ ‿ ‒ ‒; see on 55.
These three goddesses are probably chosen for their evocation of music, youth, and beauty (and in A.'s case also because of her associations with Charites and Horai) rather than for any cultic or mythological association with Apollo.
196 ὀρχεῦντ(αι): Ionic 3rd pl. of ὀρχέομαι, "dance."
καρπῷ: "wrist."
197 ἐλάχεια: fem. of ἐλαχύς, "short"; height is a primary constituent of beauty in epic.

198 μάλα: scanned ⏑ – (see on τόδε, 156).
τε: not elided because ἰδεῖν was once ϝιδεῖν (the root ϝιδ- cognate with Latin *video*, German *wissen*, English *wit*). The inf. limits and specifies the force of μεγάλη in the same way εἶδος (acc. of respect, S 2005) limits ἀγητή, "impressive."
199 ἰοχέαιρα: the hiatus (failure to elide a short final vowel) is softened by the caesura.
200 Ἀργεϊφόντης (diaeresis added because it probably should be given 5 syllables): a frequent name for Hermes in epic; its origin and meaning were already obscure to ancient scholars — perhaps even to the epic poets who had used it. "Slayer of Argos" is the traditional explanation; "the Bright-appearing One," a rival theory; but most likely it is of pre-Greek origin.
202 βιβάς: a pres. part. implying a verb βίβημι (=βαίνω) of which only this form is ever used; translate "stepping high and beautifully."
203 μαρμαρυγαί ... ποδῶν: used of the Phaiakian youths whose skill impressed even Odysseus (*Od.* 8.265).
204 οἱ δ': "And these (others)," i.e., Leto and Zeus, named in the following verse.
205 μητίετα: "counselor," an originally voc. form used as a nom.
206 υἷα (=υἱόν): acc. sing. as though from υἷς, which is never used.
207 τ' ἄρ: elison for τε ἄρ(α); see on 19.
208 ἠέ: need not be translated. It simply introduces a series of possibilities.
μνηστῇσιν: <μνηστός, "wedded," i.e., "brides."
209 ὅππως: an Aeolic form (=ὅπως).
μνωόμενος: uncontracted pres. part. of μνάομαι, "woo, court," with vowel assimilation (S 643).
Ἀζαντίδα κούρην: "daughter of Azan," i.e., Coronis, Asclepius' mother, for whom Ischys son of Elatos (or, here, Elation) was Apollo's rival.
210 Ἴσχυ' = Ἴσχυι.
211 Φόρβαντι Τριοπέῳ γένος: "Phorbas, son of Triopas." It is impossible to say for certain which of several obscure mythological figures named Phorbas is meant here. The travel writer Pausanias (2nd c. A.D.) makes Triopas son—not father, as AHS say—of Phorbas (2.16,1; 4.1,1).
Τριοπέῳ: dat., if the restoration is correct, from a form Τριόπεος derived from Τριόψ=Τριόπας.

γένος: acc. of respect; "by family" (not "race").
Ἐρευθεῖ: This Eretheus is otherwise unknown (see app. crit.).
212 Λευκίππῳ: Apollo's rival for Daphne.
δάμαρτι: an odd use of δάμαρ, which usually means "wife," since Daphne does not become Leucippus' wife in most versions of the myth.
213 The line as it stands must mean something like "On foot, and the other with horses? Nor did he fall short of Triops." But the reference is not clear.
216– Apollo's route takes him down from Mt. Olympus to Pieria,
246 a district in northern Greece associated with Apollo and the Muses, then southwards past "Lekton" (unidentified) and through the territories of the Perrhaebi and Aenianes to the coast at Iolcus. He crosses to Euboea at Cape Cenaeon and passes through the fertile Lelantine Plain; he returns to the mainland across the strait of Euripus at Chalcis, and continues through Boeotia on his way to Thebes, Onchestus, and Delphi.
215 ἑκατηβόλ(ε) Ἄπολλον: voc.
216 Πιερίην: acc. of place to which, without a prep.
219 Κηναίου ... Εὐβοίης: "on Cenaeon in Euboea" (S 1311).
ἐπέβης: <ἐπεβαίνω, meaning, with the gen., "set foot on."
220– See on 75–76.
221 στῆς: for ἔστης.
τό: nom., the dem. used as a rel. pron.
223 ἷξες: aor. of ἵκω, used in epic for ἱκνέομαι.
224 Μυκαλησσόν: a town in Boeotia, perhaps the modern Rhitzona at the foot of Messapium, the mountain referred to in 223.
Τευμησσόν: about five miles from Thebes and perhaps to be identified with the modern village Mesovouni.
λεχεποίην: "grassy."
225 καταειμένον: <καταέννυμι, "clothe, cover"; pf. pass. part.
227 ἀταρπιτοί=ἀτραπιτοί, "paths."
228 ἄμ=ἀνά, "over, throughout."
πυρηφόρον: "wheat-bearing," not "fire-bearing."
229 (ϝ)εκατηβόλ': Note the effect of initial digamma on the scansion.
230 Ὀγχηστόν: in Boeotia northwest of Thebes near the southeastern shore of ancient Lake Copais.
231– This is the fullest ancient description of this rite in which
236 horses, Poseidon's animals, pulled driverless chariots through

his grove. The rite was probably an attempt to divine the god's will by testing whether the chariot was an acceptable offering.

231 ἀναπνέει: "takes breath," i.e., "rests." The tense refers to the poet's own time (see on 182).
232 ἕλκων: causal (S 2100), "from pulling."
233 θορών: aor. part. of θρώσκω, "leap, bound."
οἱ δέ: the horses.
234 ἀνακτορίην: "control" (of the horses by their ἄνακτες; cf. ἄνακτι, 237).
235 ἀγῇσιν: 3rd sing. aor. pass. subj. of ἄγνυμι; the subject is ἅρματα, probably a pl. for sing., "if the chariot is broken."
236 κομέουσι: "tend," the subject is "they," i.e., those performing the rite.
τά=ταῦτα. See on 9.
237 τὰ πρώτιστα: adverbial acc., "for the first time."
ὁσίη: "the ritual."
γένεθ'=ἐγένετο.
δὲ (ϝ)ἄνακτι.
240 Κηφισόν: normally refers to the Cephisus, a river with its source at Lilaea emptying into the northwestern corner of Lake Copais. But a smaller stream, usually identified with the Lophis, does run between Onchestus and Haliartus.
κιχήσαο: uncontracted 2nd sing. aor. mid. of κιχάνω, "find, light upon."
241 Λιλαίηθεν: "from Lilaea," at the northwestern foot of Mt. Parnassus.
242 Ὠκαλέην: near Lake Copais and about 30 stades (approximately 3.5 miles) from Haliartus, according to Strabo C.410.
243 Ἁλίαρτον: Haliartus, a city 12.5 miles west of Thebes at the edge of Lake Copais. Mycalessus, Teumessus, Thebes, Onchestus, and Haliartus are in a line from east to west along the ancient road from the Euripus to Lebadea.
244 Τελφούσης: a spring near the modern Hagios Nikolaos at the foot of Mt. Helicon, and also the nymph of that spring. (J. Fontenrose, *TAPA* 1969, 119–131).
τοι (ϝ)ἅδε.
246 πρός: to be taken adverbially with ἔειπες (=εἶπες). μιν and μῦθον are both objects.
251 Εὐρώπην: here meaning northern Greece. This is the first use of the word as a geographical term (AHS).

κάτα: as the accent shows, to be taken adverbially with ἔχουσιν.
252 χρησόμενοι: <χράομαι, "consult an oracle."
253 θεμιστεύοιμι: opt. without ἄν to express a wish (S 1814), "I would prophesy."
χρέων: "delivering an oracle."
254 θεμείλια=θεμέλια, "foundations."
255 διηνεκές: adverbial, "straight, continuous."
261 ἔκ: to be taken adverbially with the uncontracted fut. ἐρέω, "I'll spell it out for you."
βάλλεο: uncontracted 2nd sing. mid. imperative (=βάλλου).
262 πημανέει: uncontracted fut. of πημαίνω, "distress, cause pain."
ὠκειάων: uncontracted fem. gen. pl. of ὠκύς.
263 οὐρῆες: "mules."
πηγέων: "springs"; disyllabic by synizesis.
264 εἰσοράασθαι: not "to look at" (as κτύπον ἵππων shows), but "to marvel at."
267 πίθοιο: 2nd sing. aor. mid. opt.
σὺ δὲ ... μέγιστον: parenthetical; 269 gives the apodosis of the condition.
268 ἐσσί: epic for εἶ, pres. (S 768D).
ἐμέθεν, σεῦ: genitives.
269 Κρίσῃ: Crisa, a town in the Plistus River valley below Mt. Parnassus. It was Delphi's port on the Gulf of Corinth.
ποίησαι: 2nd sing. aor. mid. imperative.
272 ὥς=οὕτως.
προσάγοιεν: opt. to express a wish.
Ἰηπαιήονι: a title of Apollo, as here, and also the name of a song sung in his honor, as at 500 and 517.
275 οἱ αὐτῇ=Attic ἑαυτῇ.
276 μηδ' Ἑκάτοιο: "and not to Apollo." Note the variation between gen. and dat. of possession.
278 Φλεγύων: the barely civilized Phlegyae, who here live near Lake Copais (called Cephisean from its principal source), in historical times inhabited Panopeus in Phocis west of Chaeronea.
279 ναιετάασκον: unaugmented 3rd pl. "iterative" impf. of ναιετάω; -σκ- implies repetition or (as here) continuity, "used to dwell" (S 495).
281 θύων: <θύω, "rush along."

283 κνημόν: "shin (of a mountain)."
τετραμμένον: <τρέπω.
284 ὑποδέδρομε: pf. of ὑποτρέχω, "run under."
285 τρηχεῖ(α)=τραχεῖα, "rough, rugged." The precise description of the territory around Delphi recalls the scene to anyone who has visited it.
296 οὐδόν: "threshold."
Τροφώνιος: Trophonius and Agamedes, sons of Erginus, were archetypal architects. The temple at Delphi attributed to them was destroyed by fire in 548 B.C. (Pausanias 10.5.13).
298 ἔνασσαν: <ναίω, "inhabit." Only here, according to AHS, does the aor. mean "to make fit for habitation, to build."
299 κτιστοῖσιν: perhaps "founded," i.e., "put in." AHS suggest κνιστοῖσιν, "scraped," i.e., "polished."
ἔμμεναι=εἶναι, inf. of result without ὥστε.
300- The poet now tells the story of how Apollo killed a she-
374 dragon who was occupying the site of Delphi.
300 ἀγχοῦ δέ: Supply ἔστιν.
301 ἀπό ... βιοῖο: "(with an arrow) from his mighty bow."
303 ἔρδεσκεν: <ἔρδω; iterative impf., "kept on doing" (see on 279).
πολλὰ μὲν ... πολλὰ δέ: adverbs.
304 ταναύποδ(α): "long-shanked" or "striding."
πέλε=ἔπελε; <πέλω, here, "come."
πῆμα: the dragon herself.
305 δεξαμένη ... ἔτρεφεν: "she (the dragon) received and nourished."
Ἥρης: gen. of source; cf. the English idiom "received of" and 274 above.
306 Τυφάονα: Typhon was a hundred-headed monster defeated by Zeus. The name has several variants, and Τυφάων/Τυφῶν is impossible to separate from Τυφωεύς/Τυφώς.
308 γείνατ᾽=ἐγείνατο, aor. of γείνομαι, which with a male subject normally means "begat," not "bore." Zeus of course did both when he fathered Athena.
310 ἠδὲ καί: "and also/not only that, but ... "
ἀγρομένοισι: <ἀγείρω, "gather."
311 μεν: gen. with a verb of hearing.
312 νεφεληγερέτα: "cloud-gatherer" (see on 205).
313 πρῶτος: with ἀτιμάζειν; "he begins first (before I do)" (AHS).
εἰδυῖαν: <οἶδα, agrees with με.

314 τέκε=ἔτεκε (<τίκτω).
316 ἠπεδανός: "weak, infirm."
γ(ε): emphasizes the dem. ὅ, "but *this* one."
317 ῥικνός: "crooked."
πόδας: acc. of respect.
As the text stands, there are two main verbs run together in the rel. clause beginning in 317. Editors assume a line (at least) is missing.
318 ῥίψ'=ἔρριψα, <ῥίπτω. Hera threw Hephaestus from Olympus in disgust because of his lameness, as Homer tells us (*Il.* 18.395ff).
ἀνά: with ἑλοῦσα.
319 ἑ=αὐτόν.
320 ᾗσι: "her (own)" (S 330).
κόμισσεν=ἐκόμισεν.
321 ὡς ὄφελ'=εἴθε ὤφελε, "if only, would that" + inf.
322 ποικιλομῆτα: voc., "trickster."
μητίσεαι: uncontracted 2nd sing. fut. of μητίομαι, addressing Zeus.
323 οἶος: "alone."
324 τεκόμην: aor. indic. with ἄν to show past potentiality (S 1784); "could I not have borne her?"
σή: predicative with the plpf. κεκλημένη ἦα (=ἦν); "I was called yours."
325a φράζεο: "take heed, take care."
μητίσομ(αι): short-vowel (S 457D) aor. subj. in a fear clause (S 2224a).
326 ὥς=ἵνα.
328 αἰσχύνασ(α): aor. part.
ἐμὸν αὐτῆς=ἐμαυτῆς (S 1199c).
331 χωομένη περ: "in her great anger"; intensive περ (GP 482).
332 ἠρᾶτο: 3rd sing. impf. of ἀράομαι, "pray (for a bad thing to happen)."
333 χειρὶ καταπρηνεῖ: "with the hand turned downwards," i.e., with the palm downward. Hera's gesture is customary in an appeal to chthonic beings.
ἔλασε: <ἐλαύνω, "drive, strike."
334 μοι: ethical dat., "I beg you, please" (S 1486).
335 Τιτῆνες: the Titans were pre-Olympian gods; when Zeus and the Olympians succeeded them, they were relegated to Tartarus.
τοί: the definite article.

336 τῶν ἐξ: "from whom."
338 μηδέν τι: adverbial; "in no way whatever."
   κείνου: i.e., Διός; gen. of comparison with ἐπιδευέα, "weaker."
339 The sense is τόσον δὲ φέρτερος ἔστω Διός, ὅσον Ζεὺς φέρτερός ἐστι Κρόνου.
340 χειρὶ παχείῃ (<παχύς): "with her massy hand."
341 ἡ δὲ (ϝ)ιδοῦσα: hiatus permitted because of digamma.
342 ὅν κατὰ θυμόν: "in her heart."
   τελέεσθαι: fut.
343 ἐκ τούτου: "from this time."
344 ἤλυθε=ἦλθε.
345 ὡς τὸ πάρος περ: "as formerly."
346 φραζέσκετο: iterative impf. mid. of φράζω, "she used to plan (in concert with Zeus)" (see on 279).
347 πολυλλίστοισι: "much prayed-at."
349 ἐξετελεῦντο: Ionic impf. of ἐκτελέω.
350 ἄψ περιτελλομένου ἔτεος: gen. abs., "with the year coming back around, in the course of the year."
   ὧραι: not "hours," but "seasons," i.e., "proper times."
351 δ': not translated; apodotic (S 2837).
352 =306.
354 κακῷ κακόν: "one evil thing to another."
   ἡ δ': the dragon.
355 ὅς: Typhon.
356 ὅς τῇ γ' ἀντιάσειε: past general condition; "whoever met with her (sc. the dragon)"; ὅς=ὅστις, as often.
   φέρεσκε: "carried (away)"; the subject is αἴσιμον ἦμαρ.
357 οἱ: dat. (fem.) sing.
358 καρτερόν: with ἰόν, "arrow."
   ἐρεχθομένη: "broken, torn apart"; <ἐρέχθω.
359 μέγ(α): n. sing. used as adv. with ἀσθμαίνουσα, "with great gasps."
360 ἐνοπή: "sound, cry, war-cry."
361 πυκνὰ μάλ(α): "repeatedly" or "continually"; adverbial acc.
362 φοινόν: with θυμόν, "red life," i.e., "blood," which is obj. of both (ἐ)λεῖπε and ἀποπνείουσ(α).
   ὁ: dem.; "and he—Phoebus Apollo—boasted over her" (ἐπηύξατο <ἐπεύχομαι).
363 πύθευ: 2nd sing. pres. imperative passive of πύθω, "cause to rot, rot"; -εσο becomes -εο or -ευ, Attic -ου (S 465b).
365 ἔσσεαι: uncontracted 2nd sing. fut. of εἰμί.

367 δυσηλεγέ(α): "hard, painful" (lit., "that stretches one on a hard bed"); a common epithet for death.
Τυφωεύς: See on 306.
368 Χίμαιρα: a monster usually portrayed with the head of a lion, a goat's head growing from the middle of its back, and a serpent for a tail (*Il.* 16.181).
αὐτοῦ: adv.; "here, in this place."
369 πύσει: fut. of πύθω.
ἠλέκτωρ: usually a noun, but here probably an adj. meaning "bright." "Derivation and meaning are quite unknown" (AHS).
Ὑπερίων: a Titan, father of the sun-god Helios. But here as often Hyperion=the sun itself.
370 ὄσσε: dual, "the eyes"; acc. of respect.
372 Pytho is here the name of the place, not the dragon, who is called Pytho or Python in some later versions of the myth. Greek etymologists were not troubled by the difference between πυθώ and πύθω.
374 αὐτοῦ: with κεῖθι; "on that very spot."
375- The Hymn now returns briefly to the matter of Telphousa,
387 who was last mentioned at 276.
375 ἔγνω (< γιγνώσκω) οὕνεκα: "realized that."
376 ἐξαπάφησε: aor. of ἐξαπαφίσκω, "deceive."
377 ἐπί: "against."
378 = 246 (almost).
379 ἄρ(α): "after all" (GP 36).
381 οἴης: gen. because of the idea of possession in σόν, "yours alone."
382 ἦ: "he spoke"; 3rd sing. impf. (the only form used in epic) of ἠμί.
ἐπί... ὦσεν: < ἐπωθέω.
383 πέτρῃσι προχυτῇσιν: "with a shower of stones."
386 ἐπίκλησιν: acc. of respect, "by surname."
εὐχετόωνται: uncontracted 3rd pl. pres. of εὐχετάομαι, "pray," with assimilation of αο to οω (S 643).
387 ᾔσχυνε: < αἰσχύνω.
καὶ τότε δή: introducing a new story, Apollo and the Cretan Sailors. This myth provides an explanation for the cult-title Apollo Delphinius and the place-name Delphi (although the latter does not occur in the Hymn), just as the story of the dragon provided an explanation for the names Pytho and Pythian and that of Telephousa explained the title Telphousian.

389 ὀργιόνας: "priests."
    εἰσαγάγοιτο: opt. of indirect discourse for an original deliberative subj. (used when the subject wonders what to do, S 1805).
391 ἐνόησ(ε): "he became aware of," i.e., "he saw."
392 ἔσαν: impf. of εἰμί (=ἦσαν).
    πολέες: epic nom. pl. of πολύς.
393 ἀπὸ Κνωσοῦ Μινωΐου: Cnossus in Crete was the city of the legendary King Minos, son of Zeus and Europa.
394 ἱερά τε ῥέζουσι: "perform sacrifices"; the pres. tense refers to the poet's own time, and the τε is characterizing.
396 χρείων: See on 253.
    ἐκ δάφνης: In the first form of the oracle at Delphi, Apollo's voice may have been heard in the rustling of the leaves of his sacred laurel, as Zeus' voice was heard from the oak at Dodona. The tradition that the first temple at Delphi was made of laurel (Pausanias 10.5.5) may refer to this first oracle.
    ὕπο: governs γυάλων, "vales, hollows."
397 ἐπί: "for, with a view toward."
399 συνήνετο: <συνάνω, "complete (the journey) with, come together with."
400 δελφῖνι ἐοικώς: the cult of Apollo Delphinius is known from inscriptions at Cnossus and Athens, and from literary evidence at Aegina, Chalcis, Chios, Miletus, Sparta, and elsewhere.
401 κεῖτο: Understand "on the deck."
402 ὅστις ... ἐπιφράσσαιτο: "whichever of them thought in his heart to observe (the god)." This leaves us with a difficult construction; perhaps βοῆσαι should be read: "whichever of them thought to shout." (H. Bolkestein, *Mnemosyne* 1968, 283–6).
403 πάντοσ(ε): "every way."
    ἀνασσείασκε: <ἀνασείω, "shake"; an anomalous Ionic impf.
    (ἐ)τίνασσε: The subject is Apollo.
    δοῦρα: for δούρατα, <δόρυ, "timber."
404 ἀκέων: "in silence"; adverbial.
    (ἐ)καθῆατο: <κάθημι (S 465f.D).
405 ὅπλ'=ὅπλα, "rigging." Note the specificity of ἀνά, "all along." To lower sail, Greek sailors loosed halliards at midships, let down sail and yard, and also lowered the mast by striking the stays at bow and stern.

406 λαῖφος: "the sail." Lines 405 and 406 refer to the same action, lowering sail.
407 τὰ πρώτιστα: adverbial, "at first."
κατεστήσαντο: "set (the sail)"; as AHS say, there seems no real parallel for this use.
βοεῦσιν: "ox-hide ropes."
409– Cape Malea, the easternmost of the three capes reaching
413 south from the Peloponnese, is the first point of land in the Peloponnese raised by a ship from Crete. Taenarum is the middle cape.
410 πάρ: "going by, leaving on one side."
414 σχεῖν: "to put in to land."
416 μενέει: fut.
417 ἀμφίς: "away, apart"; with ὀρούσει.
418 πηδαλίοισιν: "the steering oars," one on either side of the ship at the stern; dat. with ἐπείθετο.
419 παρὲκ ... ἔχουσα: "with the fertile Peloponnese on one side"; the verb is παρεξέχουσα.
420 ἤϊ(ε): epic impf. of εἶμι.
ὁδόν: refers to the course of the ship and may go with either ἔχουσα or ἤϊε (inner acc., S 1567).
422– The Cretans' ship sails north along the western coast of the
429 Peloponnese, but the order in which their landfalls are mentioned owes more to the demands of poetry than to geography. Ἀργυφέη is unknown. Arene, Thryon, and Aepy are listed among the towns controlled by Nestor at *Il.* 2.591ff., but the Pylos of 398 and 424 could be either the one in Triphylia south of the River Alpheus, which runs past Olympia, or the one farther south on the Bay of Navarino. Cruni and Chalcis were streams south of the Alpheus. Dyme was on the south shore of the Gulf of Patras, north of Elis, but Pherae (a common place name) cannot be identified for certain. Ithaca, Odysseus's island home, and its neighbors Dulichium, Same, and Zacynthus stand in the Ionian Sea outside the entrance to the Gulf of Corinth.
428 καί: "then," correlative with εὖτε, "when."
πέφαντο: unaugmented plpf. 3rd sing. of φαίνομαι.
430 ὅτε δή: "just when."
431 ἐπὶ Κρίσης: "in the direction of Crisa."
432 διέκ: adv., "throughout its length"; cf. 419.
ἐέργει: <ἔργω; "closes off" (the Peloponnese from mainland Greece).

433 ζέφυρος: "westerly"; in later literature the name of the wind.
434 λάβρος: "boisterous," adj. where English has an adv.
ἐπαιγίζων: "rushing over."
435 ἀνύσειε: 3rd sing. aor. opt. <ἀνύω; with ὕδωρ, "make (its) way over the water."
436 ἄψορροι: "back again."
ἠῶ: acc. of ἠώς, "dawn."
438 εὐδείελον: "distinctly seen from afar."
439 ἐχρίμψατο: <χρίμπτω, "touch, graze" (+ dat.). Note the shortening of the first syllable.
νηῦς: scanned as a monosyllable by synizesis.
441 τοῦ=αὐτοῦ (i.e., Apollo); ablatival gen. (S 1391) showing place from which, with (ἀπο)πωτῶντο, impf. of πωτάομαι, "fly."
442 σπινθαρίδες: "sparks."
443 διὰ τριπόδων: Tripods stood in front of Apollo's temple at Delphi.
444 δαῖε: impf. of δαίω, "burn," or, as here, "make to burn, kindle."
τὰ ἃ κῆλα: "his shafts"; i.e., the supernatural light which accompanies the epiphany.
447 δέος: "fear"; direct obj. of ἔμβαλ(ε); the subject is Apollo.
448 ὥς: with νόημα. It takes an accent when following its referent. See on 186.
ἆλτο: 3rd sing. syncopated aor. of ἅλλομαι, "leap."
449 ἀνέρι: i.e., ἀνδρί.
εἰδόμενος: + dat.="resembling."
450 εἰλυμένος: <εἰλύω, "enfold, wrap"; pf. pass. part. "With his broad shoulder covered by his flowing hair"; χαίτης =χαίταις, dat. of means, and ὤμους is acc. of respect. Cf. the description of Dionysos at 7.3–6.
452 πλεῖθ': i.e., πλεῖτε, <πλέω.
453 ἤ ... ἤ: introduce alternatives (S 2661).
τι κατὰ πρῆξιν: "on some business"; τι is adverbial acc. "Are you traders or pirates?" is the usual way to greet travelers who arrive by sea in Homer.
μαψιδίως: "idly, vainly," i.e., without any fixed destination.
ἀλάλησθε: <ἀλάομαι, "wander."
454 οἷά τε: adverbial, "in the way that" (pirates wander).
ὑπείρ=ὑπέρ.
τοί: rel. pron.
455 παρθέμενοι: "hazarding"; aor. mid. part. of παρατίθημι.

Hymn to Apollo 27

456 τίφθ' = τίπτε = τίποτε, "why."
ἧσθον: 2nd dual pres. indic. of ἧμαι; dual used for pl., as sometimes in epic. Cf. 487, 501, Hymn to Hermes 504.
τετιηότες: (act.) part. <τετίημαι, "grieve."
457 καθ'... ἔθεσθε: 2nd aor. mid. of κατατίθημι, "put down," or "stow" in nautical contexts.
458 δίκη: here means "custom, usual way of doing things."
459 ποτί = πρός.
460 ἀδηκότες: "weary," pf. part. of ἀδέω, "to have enough."
462 σφιν: dat. of interest with ἔθηκε, but to be translated with στήθεσσιν, "in their hearts."
463 ἀγός: "leader."
464 ἐπεί... γάρ: the combination is difficult; see GP 95.
466 οὖλε: "hail," literally, "be healthy."
467 καί: "and now," as often in imperative sentences (S 2873).
ἀγόρευσον: aor. imperative.
ἐτήτυμον: adverbial; "truly."
468 ἐγγεγάασιν: <ἐγγίγνομαι, "be born in"; epic 3rd pl. pf.
469 ἄλλῃ: dat. of manner with φρονέοντες; "thinking otherwise," i.e., intending to go elsewhere than we in fact have gone.
470 εὐχόμεθ(α): here "swear, boast, declare," not, "pray."
471 οὔ τι: adverbial acc. with ἑκόντες; "not at all willing."
472 ἱέμενοι: pres. mid. part. of ἵημι, "yearning for," with the gen. of the thing desired (S 1349).
ὁδόν, κέλευθα: with κατήλθομεν; "we have come another way (and) other paths."
475 ἀμφινέμεσθε: unaugmented impf.
476 τὸ πρίν: adverbial; "formerly."
ἔθ' = ἔτι.
ὑπότροποι: "returning home."
477 ἕκαστος: sing., though ἔσεσθε (<εἰμί), of which it is subject, is pl. The construction is common (S 951).
480 εὔχομαι εἶναι: "my name is," literally, "I declare (that) I am."
481 ὑμέας: uncontracted form of ὑμᾶς (S 325D).
484 εἰδήσετε: <οἶδα; epic fut.
ἰότητι: "by the will of," + gen.
486 ἀλλ' ἄγεθ': "come on now"; a colloquial use of ἄγετε before another imperative (S 1836).
487 ἱστία: "the sail"; pl. for sing., as a Greek merchant privateer carried only one square sail.

κάθετον: dual pres. imperative of καθίημι. See on 456 and cf. 503, which may show an earlier form of the formulaic elements of this line.
λύσαντε: dual aor. act. part.
488 ἀν(ά): adverbial with ἐρύσασθε, as ἐκ with ἕλεσθε.
490 ποιήσατ(ε): imperative; cf. 384.
491 ἐπικαίοντες ἐπί τ'... θύοντες: participles showing attendant circumstances with an imperative must often be translated as though they were independent imperatives; "Make an altar, kindle a fire on it, sacrifice."
ἄλφιτα: "barley."
492 εὔχεσθαι: inf. used as imperative. This use is common in Homer, especially when (as here) an imperative precedes.
παριστάμενοι περὶ βωμόν: Note the effect of παρά and περί, "standing close around."
493 ὡς μὲν ἐγώ: coordinate with ὥς ἐμοί (495); "as... so."
τὸ πρῶτον: adverbial.
497 τ' ἄρ' ἔπειτα: "and then."
498 σπεῖσαι: <σπένδω, "pour libations"; aor. act. inf.
499 ἐπήν=ἐπεὶ ἄν.
σίτοιο: objective gen. with ἔρον.
ἐξ: adverbial with ἧσθε (aor. mid. subj. of ἵημι, "dismiss"); "but when you have satisfied your desire for food."
500 ἰηπαιήον' ἀείδειν: the Paean, a special song to Apollo, was sung in competition at Delphi every eight years, according to Strabo (C.421), who adds that after the first Sacred War, ca. 590 B.C., equestrian and gymnastic events were joined to the original musical contest, thus beginning the Pythian Games.
501 εἰς ὅ κε: "until."
ἵκησθον: dual aor. subj. of ἱκνέομαι; see on 456.
ἵν(α): + indic., = "where."
502 τοῦ=αὐτοῦ, i.e., Apollo; gen. with a verb of hearing.
504 "They brought the mast (ἱστόν) down onto the mast-rest (ἱστοδόκῃ), lowering (ὑφέντες <ὑφίημι) it with the forestays (προτόνοισιν)."
506 δέ: with ἤπειρον, "landward." See on 23.
ἀνά: with ἐρύσαντο.
507 ὑψοῦ: adv., "high up."
ἕρματα: "props" to keep the beached ship upright.
511 δόρπον: in Homer, the evening meal.
513 ἕντο: unaugmented aor. mid. of ἵημι (S 777D).
514 ἵμεν: <εἶμι, inf.
ἦρχε: + dat.="led."

515 φόρμιγγ' ... ἔχων: "with his lyre in his hands"; "having" is often too strong a translation for ἔχων.
516 καλὰ καὶ ὕψι βιβάς: See on 202.
ῥήσσοντες: "beating time"; <ῥάσσω.
518 παιήονες: here "Paean-singers," elsewhere the song.
520 λόφον: the ridge that juts out from the western end of the cliffs behind Delphi and separates the site of Apollo's shrine (ἄδυτον, 523) from the plain of Crisa and the Gulf of Corinth; acc. of place to which, without a prep., like Παρνησόν and χῶρον in 521.
521 ἔμελλεν: The subject is Apollo
523 δεῖξε δ' ἄγων: "He (i.e., Apollo) led them along and showed them."
524 φίλοισι: simply "their" or "their own."
525 ἀνειρόμενος: "asking."
526 ἄν': i.e., ἄνα, voc. of ἄναξ.
φίλων καὶ πατρίδος αἴης: gen. of separation.
527 οὕτω ... θυμῷ: a parenthesis.
ἔπλετο: aor. of πέλομαι.
528 καί: intensifies νῦν; i.e., *now*, as opposed to *then*, our former life in Crete.
βιόμεσθα: Homeric "short vowel" subj. used as fut.
ἄνωγμεν: <ἄνωγα, a pf. with pres. sense; "we urge."
529 τρυγηφόρος ... ἐπήρατος: "desirable for growing vines."
ἥδε γ': "*this* land, at any rate."
530 ὥς=ὥστε.
ἀπό: "from (it)."
ὀπηδεῖν: "attend, serve" + dat.
534 ῥηίδιον: with ἔπος, "comforting words."
ὕμμ'=ὑμῖ(ν).
535 μάλ' ἕκαστος: "each and every one of you."
536 σφάζειν: inf. used as imperative.
τά: subject of παρέσται; ἄφθονα is predicate.
538 προφύλαχθε, δέδεχθε: pf. imperatives. Reduplication of προφύλαχθε, "be sentry to," is impossible in hexameter, and πεφύλαχθε would not scan here.
539 ἰθύν: "purpose, direction"; probably the obj. of a verb in the line or lines missing between 539 and 540, having the sense "who gather here and ask my direction before everything" (AHS).
540 τηΰσιον: "idle, vain."
541 ἢ θέμις ἐστί: "which is the customary way." Apollo seems ruefully to predict misbehavior by the priests.

542 This line and the one following seem to date the hymn after the first Sacred War, ca. 590 B.C., in which the Amphictyonic League, an association of Greek states centered on the cult of Apollo at Delphi, reduced the independence of Crisa and began to administer the oracle and conduct the Pythian Games.
543 δεδμήσεσθ(ε): fut. pf. pass. of δαμάω, "subdue."
544 εἴρηται: <ἔρω, "say, speak"; pf. pass.
φύλαξαι: aor. mid. imperative.
545–546 Cf. the closing lines of Hymns 1, 4, 6, 10, 19, 28, 30.
546 μνήσομ(αι): <μιμνήσκω.